新時代の保育のキーワード

乳幼児の学びを未来につなぐ12講

汐見稔幸

せんせいゼミナール
BOOK

小学館

もくじ

はじめに

保育の質の向上が課題となっています。しかし、保育の質とは何か、どうしてそれを高めることが大事になっているのか、という認識は必ずしも私たちに共有されているわけではありません。実は保育の質の向上が課題となってきた背後には、保育という営みが社会のなかで果たす役割、言い換えれば保育の社会的な機能が、歴史的にかつてなく大事になってきているという事情があります。

子どもは「生活」のなかでもろもろの資質・能力を身につけてきたのですが、その「生活」は圧倒的に消費生活に変わりました。「つくる」という生活はどんどん減ってきています。しかし人間は、何かを「つくる」というときにこそ創意や工夫が必要になり、その力を身につける、そういう動物です。残念ながら生活は便利になりましたが、生活のなかであれこれの力を身につけることは逆に大きく減ってきているのです。

そのうえ今の幼児たちが社会人になるころには正解のない問題が噴出し、みんなでワイワイ言いながら適切な解をつくりあげていく力が欠かせなくなります。その解を作る力は、現代の教育とはかなり異なる教育によって、そして乳幼児からの教育によって、身につけるしかありません。そうした教育・保育には何が大切になるのか、それを考えることが現代の保育の課題だと思っています。その要請に応えることが質なのです。

この本は、二〇二二年三月から二〇二三年二月までの一年間、月一回のペースで開催した「せんせいゼミナール」オンラインセミナーの全十二回の講義が元になっています。新しい保育のノウハウではなくて、新しい保育が求められている事情や、そこで求められている人間力、必要になっていることなどをいくつかのキーワードにしながら、その内容をわかりやすく、かつ歴史的に述べたものです。

読者の方々が、ここで取り上げられたことが深部でそれぞれにつながっていることを感じ取ってくだされば と願っています。

――汐見稔幸

イラスト／おおえだけいこ

第一講

子ども理解

～保育の基本は観察にある～

3月

皆さんこんばんは。汐見です。今日から始めるこの講座は、保育で使われているいろんな言葉を徹底的に突っ込んでみようという、ちょっと変わった講座です。そこから「ああ、そういうことだったのか」ということがたくさん見えてくるといいと思ってます。

まず今回は「子ども理解」という言葉を選びました。ちょっと前までの保育の世界ではあまり使われなかった言葉なんですよね。ところが近年、とくに幼稚園の教育要領のなかでこの言葉がキーワードのような形で出てきたんです。同様に保育所保育指針でも、子ども理解という言葉を直接は使っていないですが、そういうことが大事だとやっぱり書かれている。認定こども園の教育・保育要領にもそういうことが書かれてるんですね。

ではなぜ急に子ども理解という言葉がキーワードのような形でいろいろなところに出てきたのか、なぜ大事なのか。私はとても大事な言葉だと思っていますので、そのことを今日は皆さんと一緒に考えてみたいと思います。

「頑張らせる保育」はもう古い

まず事例をひとつ紹介します。これは実際に私のところに相談があった事例です。相談者は保育園の〇歳児担当の比較的若い先生です。

ある赤ちゃんが、ハイハイが上手にできるようになったということで、その保育園の〇歳児の部屋にある少し斜めになった板を、頑張って上までのぼっていったんですね。でも一番上まで行って、そこから下りる段になって、急に怖くなって泣き出しちゃったんです。坂道をハイハイで下りるって、実はとっても難しいですからね。それでその赤ちゃんは「せんせい、だっこ!」っていうような顔をして泣いている。

若い先生はかわいそうに思って手を出そうとしたのだけれど、そうしたら側にいたベテランの先生に「だめよ、自分で下りるまで見ててあげて」って言われたんですね。赤ちゃんはますます激しく泣くだけなんですが、「そこで手を出しちゃだめよ」って言われたことで、若い先生はそのまま手を出せずにいたっていうのね。

まあその場では最終的には「仕方がないから」っていうことで赤ちゃんを抱き上げたんですけども、相談してこられた若い先生はその場面でとってもつらくなったっていうわけですよね。赤ちゃんがずっと泣いてるのに、抱こうとしたらだめだと言われた。ちゃんと下までおりるまで待ってあげて、見ててあげてって言われた。それで「私は間違ってるんでしょうか」っていう相談なんですね。皆さんはどう思いますか？

今ではこういうことをする人はあんまりいなくなったと思うんですけども、しばらく前はこういう場面が実はどこにでもありました。私たちが「ちょっと古い保育だね」って言ってる保育の典型的な事例なんですよね。

どういうことかって言うと、子どもに何らかの課題を与えて、そこでその課題を達成させるためにとにかく頑張らせるわけです。ちょっと躊躇しても「諦めてはだめよ、頑張らなければ」というふうにして、とにかく頑張らせる。途中でくじけそうになるのをとにかく励まして頑張らせる。その結果できるようになったら能力が伸びていくはずなんだと。とにかく頑張ることが能力を伸ばす、頑張らなければ人間は育たないんだという、そういう発想なんですね。

これはしばらく前の保育・教育の考え方です。こうした「頑張らせる保育」では、何々ができるようになるっていうことが基本目標で、その内容が高度になっていくのが保育の目標だったわけですね。たとえば坂道をハイハイで下りることができるようになるとか、縄跳びをとべるようになるとか、自転車に乗れるようになるとか、とにかく「何々ができるようになること」、もう少し広げると「子どもたちのさまざまな能力を伸ばしていくこと」が保育の大事な目標だったわけです。

何かができるようになることを目標とすること自体は、一般的には間違っているように思えないんですけども、実際には「〇〇ちゃんが頑張ってるのだから△△ちゃんももうちょっと頑張ろう」とか、「お兄ちゃんがあなたくらいのときにはもうこれができたんだから〇〇ちゃんもできるよね、頑張ろうね」とかいうふうになりがちなんですね。

つまり結果にたどり着かせるために、その子がちょっと嫌だとか苦手だとかって思っていてもそれをその子の弱点だと見て、克服させることがこの子のためだと考えてやらせる。とにかく「その能力を身に付けさせることが私の仕事なんだから」という考えがベースにあったわけです。

さらには、その結果に至る過程で子どもがちょっとぐらい泣いても、ちょっとぐらい辛くても、「それができるようになるための頑張りなんだからしかたない。むしろぱっとできるような子よりも、できなかった、嫌だった、つらかった、でも頑張ったという子のほうが結果として人間として育つのだ」という論理も加わってくるわけです。

ですから野菜を食べない子には全部食べるまで食事につきあって食べさせるとか、そういうことが昔はしょっちゅうありました。別に先生が勝手な論理でやってるわけじゃなくて、それが保育では大事だという考え方が広く存在していたんですね。

実はこれと同じことが日本の教育全体にあったんです。とくに学校では「勉強する」っていう言い方をよくしますが、そんな学校の勉強観にも通じていたわけです。

面白がってする活動しか身に付かない

私が教育のことを勉強し始めた一九七〇年代の中頃には「勉強が楽しくできる」っていう概念はありませんでした。楽に楽しくできるなんていうのは勉強の本来の姿じゃないと。勉強っていうのはある意味では厳しいものなんだってね。そしていろいろ苦労して学習するから身に付くんだっていうことで、「勉強が楽しくできる、楽にできる」ということがそもそもおかしいと考えられていたんです。

そんな一九七〇年代に数学教育協議会の委員長を長くやっておられたのが、数学者で東京工業大学名誉教授の遠山啓《とおやまひらく》さんでした。遠山さんは数学者ではあったんですけれども、**子どもが本当に数学を好きになるためにはそれまでの教育の考え方を少し変えなければいけないと「楽しい授業」を提案したんです。**今だったら何ら違和感はないけれど、当時はみんながびっくりしたわけです。「授業が楽しいっていうのはどういうことですか?」「授業は落語ではないんですよ」って反感を買いました。

勉強っていう言葉を皆さん当たり前のように使いますけども、本来どういう意味かご存知ですか? 勉強という言葉は、もとの中国語では「強《し》いて努《つと》める、無理してやる」という意味で、江戸時代に朱子学を学ぶときに使われだしたものなんです。ですから明治時代に広まったときも、喜んで学ぶという意味ではなく、「強いて勉める、無理して我慢してやる」、つまり「学校の勉強というのは、よくわかんなくてもとにかく諦めずに我慢してやるものなんだ。そこで頑張る人間が立派になるんだ」っていう意味で広まったんですね。

ちなみに「頑張《がんば》る」という言葉も、江戸時代には否定的な意味で使われたものなんです。つまり「我《が》」を「張《は》って」はいけないということで、やりたくないことを無理してやるのはいけないっていうふうに使っていた言葉です。

ところが明治になって欧米列強から不平等条約だとかを突きつけられて、日本国民全体が我慢しなきゃいけないってことがものすごく増えたんですね。そこで「我慢してでもとにかくやる人間が偉い人間だ」というようにだんだん人間観を変えていったわけです。そこから「頑張る」がポジティブな意味に変わり、同時期に学校の学習が「勉強」になってしまったんです。我慢してでもやるっていう人が伸びるんだっていう考えが教育のなかにあらわれて、それが保育の世界にも入ってきていたんですね。

でも最近の研究ではこういう考え方が否定され、子ども自身が面白がってした活動でなければ、仮にやったとしてもその結果、身についた資質や能力が実はあまり長続きしないで、やがてまた消えてしまうということがわかってきたわけです。

たとえば幼児期に毎日ホールで逆立ちして歩くっていう実践をやっている園があります。それは今の子どもたちが運動不足だとかいろいろあるから訓練しようっていうことはよくわかるんですけれども、子どものほうでは「毎日逆立ちして歩きたいんだ」って思っているとは限りませんね。

逆立ちで歩けるようになったらうれしいかもしれないけれど、それを毎日十分間もやって歩かされたら、だんだん嫌になってきます。それで疲れてやめようとしたら叱られる。

そういうことを毎日繰り返していると、本音ではやりたくなくても、やらなきゃいけない、そこで頑張る、我慢してやる、ということになる。

そういうふうにしてやった子どもたちが入った小学校の先生に「あの子たちは小学校に入って六年生になってもまだ逆立ちが自由にできるんですか？」って聞いたことがあります。そうしたら、その先生は「ちょっと確かめたことがないのでわかりませんけども、たぶん誰もできないと思います」っておっしゃっていました。「あの子たちが小学校に入ってから逆立ちの練習をしようとしたのは一回も見たことがありません、それよりもやっと解放されたっていう顔をみんなしてるんです」と（笑）。

子どもの場合、自分で面白がってやってできたことなら、その能力は残っていくのですが、やらされて実は嫌だったという気持ちがどこかにあると、その能力は消えてしまうんですね。

抑圧経験は悪影響をすら及ぼす

それからもう一つ大事なことがあります。やりたくないのにさせられたっていう感情が

伴うと、その感情そのものがやがて心身の成長に悪影響を及ぼすようになる。

これは精神分析で有名なジグムント・フロイトがずいぶん問題にしたんですが、ネガティブな感情を泣いて発散するとか、上手に回避することができれば問題はないが、じっと我慢してなきゃいけなくなったら、そのネガティブな感情の回路は消えずに意識の下に沈み込んでいくんですね。フロイトはそれを「抑圧する」という言い方をしました。

抑圧されたネガティブな感情は消えないんです。そしてやがて成長して別の回路ができてきたときに、その抑圧された回路の下にあったネガティブな感情みたいなもの――よく「心の闇」などといわれていますが――そういうものが外へ出ていきたくなる。だいたいは人間の心の深いところにある攻撃性を活性化させてしまう。つまりネガティブな行動を生み出してしまうということがわかってきたんです。

かつて大阪教育大学附属池田小学校で八人の小学一年生を殺害した人物は激しい体罰で父親に育てられたということがわかっていますし、秋葉原で無差別に七人を殺した青年も、母親から非常に厳しい体罰で育てられて、二歳ぐらいのときには真冬に雪の降っているなかをシャツ一枚で立たされていたということを弟が証言しています。負の感情の蓄積が発散できない状況があると、後でそれが人間の攻撃性を刺激してしまうのです。だから無理にやらされたという活動で身についたものは、なかなか長続きしないばかりでなく、同時にそれがひどすぎると、自分でもわからないけど大きくなってからイライラするとか、逆に生きているのがつらくなったりとか、自分を攻撃することになったりとか、ものすごくつらい感情が襲ってくることにつながるんですね。

引きこもりの人を調査した知人がいますが、やはり小さいときに大人から言われるばかりで、自分の話を聞いてもらったことがないという人が多かったそうです。

そうしたことから、最近の研究では自分が面白がってやることがどれだけ大事か、そしてやった結果、面白かった、楽しかったという体験がどれだけ大事かがわかってきたんです。やりたくないのにやらされるっていうことを小さいときに経験すると、同じ構造の問題が発生する可能性があるんだということは知っておいていただきたいです。

結果よりもプロセスの質を問い直そう

さて話を戻すと、「何々ができるようになる」ということを最も大事な目標にする保育・教育は、結果としてそれが「できるか・できないか」にどうしても視点が行きがちで、その途中で楽しくやっていたのかとか、上手にやっていたのかとか、みんなで相談しながらやっていたのかとか、そういうプロセスの質が問われないってことになりがちなんです。「とにかく厳しくてもいいからできるようにさせればいいんだ」「プロセスが厳しいことこそが大事だ」という考え方が今まであったんです。でも現在はこういう考え方は否定されていることを、皆さんに今日は知っておいていただきたいです。

もちろん何かをやった結果、できるようになることは大事です。でも、できるようになること自体を目的として、どういうふうにそこに挑んでいったか、そのプロセスが楽しく面白く思えたかどうかを無視してしまうと、結局は、手に入れた能力が必ずしも生きてこないのです。

それよりも大事なのは、何かをしたい、何かができるようになりたい、何かが知りたいというような子どもの気持ち、興味・関心・動機、そして好奇心、そういうポジティブな感情・気持ちをどう引き出して満たしていくかっていうときのプロセスの内容です。

たとえば、何かのやり方を図鑑を調べてやってみて「失敗したけれど面白かった」という経験がそういうことかもしれません。あるいはみんなで相談して「やっぱりこの方法でいいんじゃないか」って決めてやってみたら、そのうちできるようになったとかです。プロセスが充実し、質が高いと、その子のなかにポジティブなものをもたらすのです。そうしてできるようになったことが長く残るんですね。そして子どもの心もずっと満たされていく。そういうことがわかってきたのです。

保育者の仕事は観察すること

さてそうすると、このプロセスをどうやって充実させることができるのでしょうか。プロセスの質とその充実が大事だというなら、まずその子どもたちがしていることのプロセスをしっかり把握することが大事になってきます。そうすると「保育中の子どもの様子をしっかりと観察するのが保育者の仕事になる」と発想を変えなければいけません。

皆さんは保育のなかで、子どもが何かをしているときのプロセスをつかもうとしていますか？　皆さんは自分の一番大事な仕事は子どもの観察だと思っていますか？　普通はそうは思わないですよね。でもこれからはそれが大事になってきます。

たとえばイタリアのレッジョ・エミリア教育でも、保育士さんや幼稚園の先生は、画板《がばん》を持って保育に行くことがあります。そしてひたすら子どもを観察して記録しているんです。観察が大事になれば記録も大事になってくる。そういう自覚が必要になってくるんです。

つまり保育者とは観察者であるってことですよね。でも何を観察するのでしょうか？それは、**子どもが何かをしているときの、その子どもの心の動き**です。

「あれ、なんか面白いことしてるな」と思って興味深そうに子どもを見てあげる。顔と目で子どものやっていることに「共感してるよ」ってメッセージを送りながら、面白そうだなと思って見る。すると子どもは「あ、先生が僕のやっていることを面白がってる」「私は肯定されている」と感じますから、さらにどんどんやっていきますよね。

あるいは「あれ、そのあとどうするのかな？」って思って子どものやることを見ながら、その先をいろいろと想像して、「ああやったらうまくいくけど失敗するんじゃないの」などと予想する。あるいは途中でうまくいかなくなってきていると、「ちょっと手伝ってあげたほうがいいのかな？」とか、「あんまり手出しするとせっかく子どもが試行錯誤しているのを邪魔することになるかな？」と考える。でも、そこで「え、そこでもうやめちゃうの？　せっかくいいところまで行ってるのに」って思うこともあるから、やっぱり「ちょっと手伝ってあげたほうがいいのかな」と思う。

そんなふうに一生懸命観察しながら、子どもとのかかわり方を考えるのは、これはもう立派な観察になっているのです。

実際の保育場面で「保育者として観察している」というのは、観察しながら子どもの内面の世界を想像したり、あるいは心の中で応援したり、心の中で迷ったりっていうようなことをしているのです。

保育者による観察の四分類

ではこれらの観察をちょっと分類してみましょう。

「あれ、面白そうなことしてるね」と思ったら、これは子どものやっていることを評価しています。「危ないから危ないというべきかな?」と考えるのも、基本的には子どもの行動の評価です。評価って言うとちょっと違うニュアンスになるので「アセスメント」していると言うほうがいいでしょう。このアセスメントについては第十講で詳しくやります。

その前に「何をしてるのかな?」「これからどうするの?」って思うこともあります。これは想像です。子どもの心の動きを想像して、それから「あ、そういうことがやりたかったのか、面白そうね」っていう評価につなげるんですね。

それから「手伝ってあげたほうがいいのかな」というのは「子どもが私に手伝ってって言ってるのかな？」と子ども側の期待を考えて対応すべきか考えているわけですよね。

子どもが「手伝って」とは一切言ってないのに手伝ったら、子どもにとっては迷惑ですよね。「見守る保育」ってよくいわれますけど、見守る保育が大事なのは、子どもが「見守ってて」っていう情報を発信しているときのことなんです。

「先生は手を出さないでね」「口も出さないでそこでそばにいてね、見ててね」っていうときは、それはただ見守っていてあげればいいんです。だけど子どもが何か難しいことをやっていて、途中で挫折しそうになって「先生ちょっと手伝ってよ」っていうような顔をしているときには、「何してるの？　ちょっと手伝おうか？」って言ってあげればいい。それで子どもが「ここまでやってるんだけど、うまくいかないんだよ先生」って言ったら、「何をしたかったの？」と子どもが求めているものに対してこちらが応答したり、実際に手伝ってあげればいいんですよね。

反対に保育者が「もう少し言葉で言い返してくれないかなあ」なんて思うのも、子どもに対する期待を自分なりに言葉で表現しているわけです。専門用語でいうと私の期待を子どもに投影《とうえい》していることになります。その子に対して期待している内容を、観察しながら心のなかで投影しているんです。

それから「○○ちゃん自分で言えたじゃない」っていうのは評価ですよね。他にいい言葉がないので評価と言っておきますが、「頑張ったわね」とか、「自分でやれるようになったんだね」とか、いろんな評価があります。

要するに私たちは子どもたちを観察しながら、気持ちを想像したり、あるいはそれが面白いとかちょっと危ないなどと評価したり、子どもが求めているかどうかは関係なく私のほうが子どもに期待したり、子どもが何を私に求めているのかを受け止めたり、というようなことをやっているわけです。整理すると、①子どもの内面の「想像」、②子どもの行動と内面の「評価」、③内面の想像の上にたった「私の期待の投影」、④子どものほうからの「私への期待の受け止め」という四種類があるということです。実は今日のテーマは、この観察の区別が大事ですよということなんです。

①は「何しようとしてるのかな」というように、単に子どもの内面を想像している段階です。想像した結果、「いいね」とか「心配だ」などのアセスメントに入るわけですよね。②の「面白いことをやっているね」「たぶんこれじゃないの？」「あれはうまく釣り合い

が取れるかどうか試しているんだよね、面白そうね」という内面の評価は「アセスメント」といいましょう。

それから③は、子どもに対する私からの期待の投影です。つまり期待しながら見ているわけですよね。そして④は私に対する子どもからの期待の受け止めなんですね。

短く言うと①想像、②アセスメント、③期待、④受け止め、という四つのことを観察を**通してやっているんです**。では保育のなかで子どもを観察するときに、この四つを私たちはどう使えばいいんでしょうか？

さっきからお話ししているように、**まず結果重視ではダメ**なんですよ。プロセスが豊かで、子どもたちにとって楽しいもの、面白いものであれば、それは必ず子どもの力になって残る。けれどもプロセスが「こうやったらできるよ」と指示して、子どものほうは何も葛藤《かっとう》していないということでは、あまり力になりません。

たとえば保育士のAさんは、まず子どものやっていることに「何してるのかな？」って想像し、「ああ、こういうことしてるのかな」と評価しアセスメントする。でも次に「だとしたら、もっとここまで頑張ってほしい」「せっかくやるんだったら一人じゃなくてみんなでやってくれないかな」と期待する方向で見ていくと、やがてそれが先生の言葉や態

観察の4つの分類

〈例〉
❶内面の想像
「え？ 何をしてるの？
ケンカ？ ふざけっこ？」
❷アセスメント
（内面の評価）

「大丈夫かな。心配」
❸保育者の
期待の投影
「ケンカだったら、
やめてほしいな～」
❹子どもからの
期待の受け止め
「まだ止めてほしく
なさそう。見守ろう」
観察は❶～❹を
行ったり来たりするよ！
❶ ⇄ ❷
⇅ ⤧ ⇅
❸ ⇄ ❹
＝
子ども理解

プロセスをしっかり観察して、対応

Aさん
❶ケンカ?
❷心配…
❸やめてほしい!!
大人の期待本意になっている
ヤメテッ
Bさん
❶ケンカ?　❷心配…
❸やめてほしいけど…
❹とめてほしくなさそう
❷ケンカでの葛藤が学び合いになってる?
❸+❹強く手を出したら即、介入しよう
❶あ、折り合おうとした?(観察しよう)…
理想的

度になって出てきます。そうするとだんだん観察を超えていってしまいます。

それに対してBさんは「何をしてるのかな」と想像し、「あ、面白いことやってるな」とアセスメントするまでは同じです。だけどもBさんはここで「もうちょっと見ていよう」とすることで、観察の世界にしっかり戻ってきてまた想像します。それで「やっぱりこういうことをしようとしてるのかな」とアセスメントし、また観察に戻ってくる。「期待」のほうには簡単にはいかず、見て想像し、アセスメントしてさらに見て、想像して、アセスメントする。そういう観察です。

実はプロセス重視の保育では、Aさんは望ましくない古い保育のやり方なんですね。古い保育でも観察はしています。けれどすぐに「私の期待」

を示していきがちなんです。その結果、プロセスが保育者の期待本位に変わっていってしまいます。それではうまくいかない。子ども自身がプロセスを豊かにつくっていくためには、私たちは「何をしてるのかな」と思いつつ、でもすぐに何か言わないで常にもっとよく観察しようとするようなBさんの道をたどることが大事になってくるのです。

期待にいかず、想像を続ける

こうした営みに対して、なぜ「子ども観察」と言わずに「子ども理解」と言うのでしょうか。それはAさんのように観察が「私の期待」のほうにいってしまうと、思うように子どもを動かしたいという訓練主義的な保育になりがちだからです。

観察が「私の期待」のほうにすぐいかないようにするためには、ともかく子どもをしっかりと観察し続けて、そして子どもの気持ちをずっと想像し続けることが大事です。子どもの行為を前に、「何をしてるのかな」「あら面白そう」とアセスメントするところで止めて、そこから「たぶん子どもはこういうことをやりたがってるんじゃないかな」とか、「こんなものをつくりたがってるんじゃないかな」と感じ取っていく、そういう行為を理解と言っているのです。

それから先ほど言った観察の四つの分類の一つに、「子どもの私に対する期待を受け止める」がありましたね。子どもが私にやってほしいこと、「先生は黙ってて」とか、「ちょっと手伝って」とか、そういうことを感じ取ったうえで、適切に応答していくのも子ども理解のもう一つの目標になります。

「理解」という言葉の本質は、英語で考えるとすぐわかると思います。理解は英語でアンダースタンド（understand）と言いますよね。アンダー（under）は「下から」、スタンド（stand）は「支える」です。下から支える、つまりその人をどこで支えたらいいか、支えどころを見つけるということなのです。

引っ張っていくところを見つけるんじゃないんですよ。支えるんです。主体はあくまでも子どもです。その子が一人だけではうまくいかないときに、それを支えてあげる。支えるだけであって、それ以上のことはやらないんです。その支えどころを見つけること、これが実は理解という言葉の元の意味なのです。

つまり保育のなかで子ども理解を大事にするということは、保育の原理を「子どもを訓練する」ということから、「子ども自身の自己生成、つまり自分で自分をつくっていくこ

とを応援していく」ように変えていこうということなのです。

先ほどもお話ししたように、今までの教育は基本的に「こういうことができるようになる」という目標を大人が立てて、それに向けて訓練主義的にやってきました。そこには子どもがやりたいと思わないことも含まれていたし、しかもそのプロセスは必ずしも大事にされてきませんでした。でもそうやって学んだことは結局、深い力にならないことがわかってきました。

むしろ子ども自身が「これやってみたい」「これできるようになってみたい」っていうことをワクワクドキドキしながら追求していく、自己生成を応援することが、体に深く染み付くような資質能力を身に付けるためには大事です。そのためには周りにいる私たちが子どもを下のほうから支えてあげる必要があるのです。

子どもたちを観察し、「何をしているのかな」「あ、面白いことをしてる」っていうところで止めながら、共感的な眼差しで子どもたちを観察し続ける。そして子どもが求めてきたときはそれに応答していく。そういう保育に変えていくためのキーワードして選ばれたのが「子ども理解」という言葉だったんだ、ということがおわかりいただけたでしょうか。

では、初回の話はここまでにいたします。

おおえだノート①

人は、いろんな扉から、いろんな顔を見せる

新生児
Aくんの生得的な扉。
ありのままが見える。
生きていくうちに扉は
増えていく。
Aくんてどんな子？
わからないかもしれない
けど、きみの面白さは
知りたいな～
理解して
くれようと
してるの？
ありのままのAくん
演じることも
ウソ？
盛ってるよ
ね？
なわとび
100回とべた
（ほめて！）
いろんな扉の外の影響を受けるAくん。
（コアはほぼ変わらない）。
ママ用の扉。友だち用などの扉のある。

イラストライターのおおえだけいこです。本書の元になったオンライン講座では、毎回スタッフ一同で汐見先生の事前レクチャーを受け、その内容をもとに私が「ノート」（というグラフィック資料）を作成して受講者にシェアしていました。

ただ本番では汐見先生の講座内容が高度化されて、事前レクとはまったく違う内容になっていることがよくあり……。

第一講も事前レクでは「子ども理解といっても相手によって子どもは見せる顔が違うことがあるよ。〝こんな性格〟と決めつけたり、〝わかったつもり〟にならないように。〝きみを知りたいな〟という気持ちだけは持ち続けて」というお話があり、上のようなノートを描きました。が、本番では触れられず、「内容、変わっちゃった。ゴメン」と汐見先生。「でも、違う角度からも知れてお得ですね！」とフォローし合うスタッフでした。

第二講

環境

～世界に目を向け、
興味・関心を育む工夫～

では二回目です。昔はあまり使わなかったのですが、今は「環境」っていう言葉が保育のキーワードになってきたんですね。じゃあその環境っていったい何だろうかっていうことを、今日は皆さんと一緒に考えたいと思っています。

保育における「環境」の二つの意味

環境っていう言葉は、よく言われるわりには実はちゃんとした説明がされていないので、皆さん戸惑ってるかもしれませんが、実は**保育で環境っていう言葉は二つの意味で使われているんです**。最初にそのことを確認させてください。

一つは領域としての「環境」です。幼児教育には「領域」といって、小学校の教科に当たるものがあります。以前は六つの領域がありましたが、平成元年の改訂で五つの領域に変わりました。一つは体をどう育てていくか、病気にならない体をどうつくるかという「健康」。二番目は他者とどのように関係をつくるかという「人間関係」。三つ目が今回話をする「環境」で、四つ目が「言葉」、五つ目が「表現」という領域です。ここに「環境」が五領域の一つとして入っているのですね。

それからもう一つ、最近は「環境を通じた教育」という言い方をすることがあります。今の保育所保育指針や幼稚園教育要領が改訂されるときに、国が保育園の先生と幼稚園の先生と認定こども園の先生を集めて、新しい指針と要領はこういうふうにつくられましたと、その中身を説明する研修をやったんですが、そのときに私は、今回の指針・要領の一番大事な考え方は「環境を通じた教育です」と説明しました。

教育を「意識的に人を育てていく営み」と捉えると、「こうしてごらんなさい、それやったらほめてあげるわよ」というふうに大人が直接指示してさせるという教育よりも、子どもたちが自分たちの生活している環境を通じて「あっ、これ面白いから登ってみよう」とか「これ回してみよう」というように、環境とさまざまにコミュニケートする形で行動し、結果として上手に木に登れるようになるとか、あるいはコマが回せるようになるとかいう形で育っていくほうが、しっかり育つとわかってきたんです。だったらそれを原理としていこうということで「環境を通じた教育」っていう言い方がされたのです。そのときに領域とは別の「環境」という言葉が使われていました。端的に言うと「環境づくり」という言葉で示される環境です。

以上、この二つの「環境」は、同じ言葉ですが意味がちょっと違うんですね。今日はそのことをまずはっきりさせようと思います。

領域としての環境とは

最初に、領域のほうの「環境」について見ていきましょう。幼稚園でも保育園でも同じことですが、幼稚園教育要領を引用しますと、「**周囲の様々な環境に好奇心や探究心をもってかかわり、それらを生活に取り入れていこうとする力を養う**」と書いてあります。

これはつまり、子どもたちの周りのさまざまな具体的な環境のことですよね。「あ、ここに水道の栓がある」とか、「あ、マンホールがあった」とかですね。「あ、この木どんぐりがいっぱい落っこちてる」とか、さまざまなモノに好奇心あるいは探究心を持ってかか

1つ目の環境　学びのジャンル・5領域の「環境」

6領域と5領域の比較で「環境」をみると…

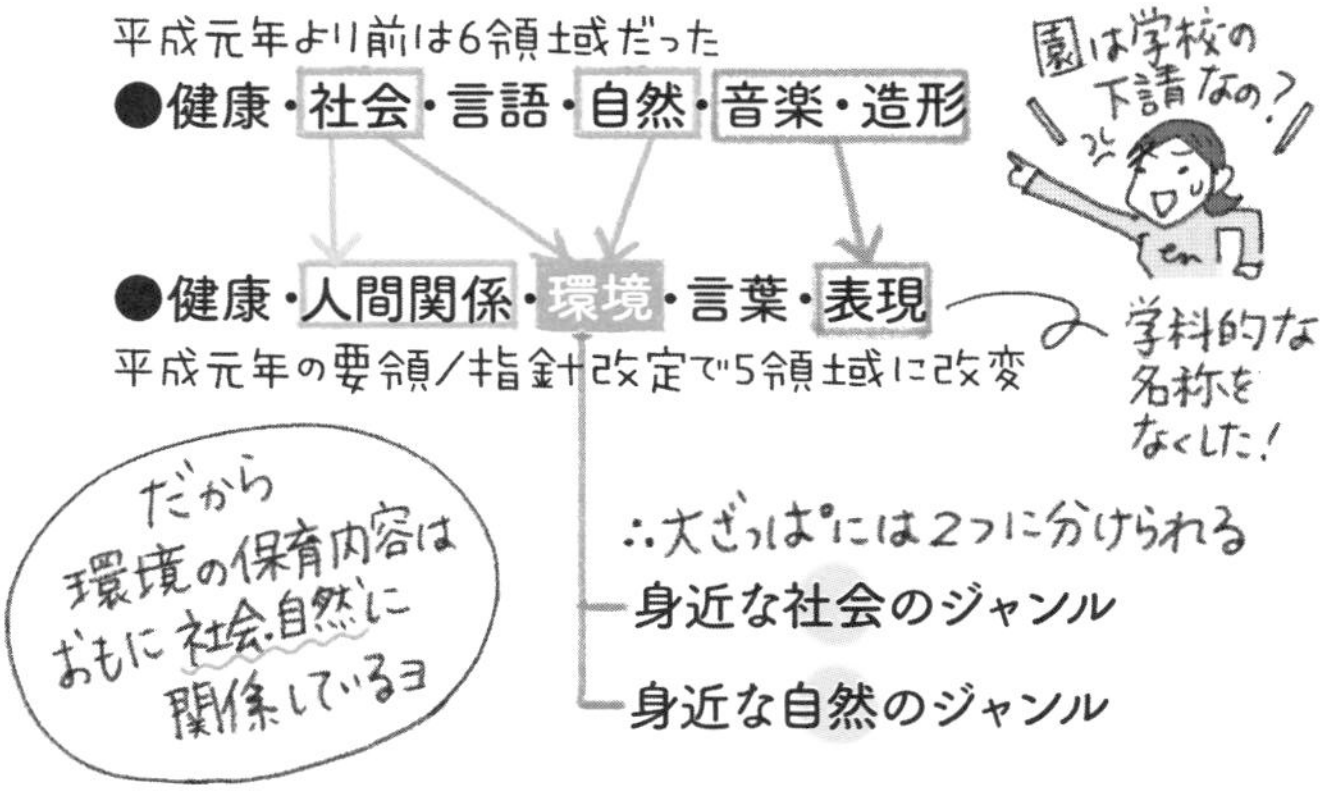

平成元年より前は6領域だった
●健康・社会・言語・自然・音楽・造形
●健康・人間関係・環境・言葉・表現
平成元年の要領／指針改定で5領域に改変
園は学校の下請なの？
学科的な名称をなくした！
∴大ざっぱには2つに分けられる
身近な社会のジャンル
身近な自然のジャンル
だから環境の保育内容はおもに社会・自然に関係しているヨ

わり、それを生活に取り入れていこうとするときの、その対象となる「環境」です。それらを生活に取り入れていこうとする、そういうことを目標としてやる保育の分野が「環境」という領域なんですね。

幼稚園教育要領には、それぞれの領域について「狙い」が三つずつ書いてあります。環境の狙いは次の三つです。

一番目は「**身近な環境に親しみ、自然と触れ合う中で様々な事象に興味や関心をもつ**」です。文字通り、自然に触れ合いながらさまざまな事象に興味や関心を持ってもらうということですね。それから二番目が「**身近な環境に自分からかかわり、発見を楽しんだり、考えたりし、それを生活に取り入れようとす**

る」で、これは身近な環境に自分からかかわって発見を楽しんだり考えたりすることですね。

三番目が「**身近な事象を見たり、考えたり、扱ったりする中で、物の性質や数量、文字などに対する感覚を豊かにする**」こと。今の幼児教育では「文字をみんな覚えようね」とか「十までは絶対になんとか数えられるようにしましょうね」というようなことは直接の目標にはなっていません。しかしだからといって文字や数はまったく扱わないのかっていうと、そうではないですよね。「これは三角形かな」「これはなんか丸みたいだけどちょっと歪んでるよね。これハート形って言うんだよ」とか、そういう数学的な基礎もやるし、それから「あ、僕の名前の健太の健っていう字が書いてあった」とか、そうやって文字に対する感覚を豊かにしていくこともある。そうして文字や数というものに対して興味を持っていくということもこの「環境」領域なんです。

周りの自然環境に興味や関心を持つ。それからそういう環境のなかで何かを発見したり見たり考えたりしながら、それを子どもの生活に取り入れようとしていく。そして「もっと集めてみよう」とか「もっと調べてみよう」とか、数や文字に関心を持っていこうとさせる。そういうことが領域「環境」の目標になっています。

保育指針に見る領域「環境」の具体例

次に、領域「環境」について保育指針にどんなふうに書いてあるか見ていきますね。

まず「**自然に触れて生活し、その大きさ、美しさ、不思議さなどに気付く**」というのが最初に出てきます。身近な自然とは、文字通りの足元の自然だけじゃありません。たとえば山を見て「今日の山きれいだな」とか、雲を見て「面白い形をしてるな」とか、「今日、川の水が全然ないや、どうしてだろう」などと、自然に触れながらいろんなことを感じる、**考える、そういうことが大好きだという子どもにしていこう**ということですね。

二つ目は「**生活の中で、様々な物に触れ、その性質や仕組みに興味や関心をもつ**」とある。「あれ、これどうやったら開くんだろう」とか「ここの間になんか入れられないかな」とかですね。「先生、これを持ち上げたいけどどうしたらいいんだろう」とかって、ものの性質や仕組みに興味や関心を持っている。周りの世界に対して、ある種の技術的な関心を持っていくっていうのかな、そういうことが領域「環境」の二つ目の目標です。

そして三つ目は「**季節により自然や人間の生活に変化のあることに気付く**」。四季のほうは自然ですけど、その季節の移り変わりにともなって、「寒くなったから長袖を着よう」とか、「今日はなんか足元がぐちゃぐちゃだ。霜ができてるんだな」などの生活の変化にも気付く。お正月が近づいたからお餅つきをやってるという、行事についても関心を持つ。そういう意味では**自然環境だけでなく、生活環境・社会環境の変化にも関心を持たせてほしい**ということです。

それから四つ目は「**自然などの身近な事象に関心をもち、取り入れて遊ぶ**」。実は六領域のときには「自然」と「社会」という領域があったんですが、改訂で両方ともなくして新たに作ったのが「環境」という領域なんです。ですからそこには元々の自然という領域とか、社会という領域でやろうとしたことがたくさん入ってきてるんです。

自然に関心を持ってそれを取り入れて遊ぶっていうのは、「きれいな葉っぱを集めよう」とか、「これ紅葉って言うんだよ」とか、「きれいに飾ってみよう」とか、あるいは「花をいっぱい集めてきてそれでみんなで生け花をやろう」とか、**自然を取り入れながら豊かに遊んでいこう**とすることですね。園によっては花壇があったり、ヤギとか羊を飼っていたり、私の知ってる園では馬とか牛を飼っていたりしますけれども、そういう「**身近な動植物に親しみをもって接し、生命の尊さに気付き、いたわったり大切にしたりする**」ということも書いてあります。ここには道徳教育的な要素が入ってきてますよね。最近ではSDGsが入ってきましたから、無駄なものを捨てないとか、有効活用するとか、自分たちで作った野菜をヘタまでちゃんと使おうとか、そういうものに対する「もったいない」感を育てようということも入ってきています。

それから「**身近な物や遊具に興味を持って関わり、自分なりに比べたり、関連付けたりしながら考えたり、試したり工夫して遊ぶ**」。草原の丘の上までダンボールを持っていって草スキーをして遊ぶだとか、いろんなものを持ってきて積み上げて遊ぶとか、モノや遊具にいろいろ興味・関心を持って遊びをつくっていくことですね。それがこの項の内容です。

それから「**日常生活の中で数量や図形などに関心をもつ**」。子どもたちがいくつまで数えられるかということは目標にはなってないけれども、数への関心は育てたい。「今、何本倒れたかちょっと見てきて」「あ、四本倒れたね」なんていって、ある程度数えられるようにしていくとかですね。あるいは「これと同じ形、これなんて言うんだろう」とか「これはひし形って言うのよね」などと、図形などに関心を持つように仕向けていく。そういうことが「環境」の内容に入っています。

「**日常生活の中で簡単な標識や文字などに関心を持つ**」。交通標識などに関心を持ち、少しずつ知的な世界に関心を洗練させていこうということです。

「生活に関係の深い情報や施設などに興味や関心をもつ」。これはスマホなんかも入ってくるかもしれませんね。小学一年生になったら今はもうタブレットを使うわけですよね。それに対して情報処理のためのツールについてある程度関心を持っておこうということなんです。だからといって子どもたちにスマホを持たせようということではないのですが。

そして**「保育園内外の行事において国旗に親しむ」**。これは突然入ってきたものなんですけども、これはまあ一部の政治家の要求があってここに入ってきたんですね。万国旗でいいじゃないかっていう考え方が実際の現場では多いのですが。

以上、これらが「環境」という領域について指針や要領に具体的に書かれてることの大体の内容なんですね。つまりは**「子どもたちに自然の面白さと不思議さに気付かせるようなことを保育でやっていますか?」**ということなんです。ただ、今の指針・要領の目標は方向性だけが書かれているので、あまり取り組んでいなくても気にしないっていうところが多いんですが、でも僕はそれでは非常にまずいと思ってるんです。

たとえばこれが「跳び箱三段が跳べるようになる」という目標だったら、どこの園でも跳ばせようとしますね。今は指針・要領ではそういうのは目標になっていないんです。しかし逆に目標が「気付く」とか「関心を持つ」「変化に気付く」「関わる」とか非常に抽象的な書き方になってきたために、**やっているかどうかしっかり自己評価がされていないのが課題です。**残念ながら環境という領域についても、積極的に位置づけてやっている園は必ずしも多くはないのです。だから改めて今回それを取り上げているのです。

子どもたちが興味や関心を持つ仕掛けをどうつくるか

でも**子どもたちが何かに気付いたり、何かに関心を持つのは、そう簡単なことじゃないんですよ。**たとえば、周りにある木に対して、子どもたちに関心を持たせようとしたらどうしたらいいでしょうか。「この木の名前は知ってる？　葉っぱ尖ってるでしょ、これ松っていうんだよ、覚えておこうね」って言うのは簡単です。でもそれで松に関心を持つことはあんまりない。そうではなくて「松ぼっくりをいっぱい集めていろんなものをつくってみよう」とか、「もっと大きな松ぼっくりがなってる松を探しに行こう」とか、あるいは「松ぼっくりの中に松の実があるんだけど、ちょっと食べてみようか」とか、「この松ぼっくりをきれいにむいて食べる動物がいて、リスって言うんだけども、ここがリスの食べた跡なんだよね」という話をして、「これを見つけたら大事にしていこう」と語りかける、そういうことを通じてであれば、子どもたちは木というものに興味を持ってくる。葉っぱがみんな違うんだとか、あるいは木肌っていうものがみんな違うだとか、そういうことに興味を持ってくれれば、木を大好きになってくる。

それはただ松の木の名前を教えるよりも保育としては難しいです。でもそうやって興味・関心を持てたら、子どもが大きくなっても自分で調べたり、本を読んでみたりすることはします。興味・関心がないのに木の名前だけ覚えさせられたって、それ以上のものにはならないんですよ。ですから子どもたちに関心を持たせる、気付かせるっていうことは、実はとても難しいことなんです。そのためには子どもたちが対象となっているものに対して感動したり、「あれ、どうして」って疑問を持ったりするプロセスがまず必要なんです。

子どもたちが疑問を持ったり感動したりすることなしに関心を深めるということは、実際にはないんですよね。だから「子どもたちはどうしたらこのことに疑問を持つのかな」と考えながら、何か疑問を抱かせるようにする工夫っていうのが、「環境」という領域においてはものすごく大事なんですよね。

繰り返しますが、放っておいても疑問を持つという子というのは、そんなにいません。

やはり疑問を持ったり感動するために、何か仕掛けなきゃいけないんですね。

たとえば雲に興味を持った子がいたら、園のデジタルカメラを貸して毎日空を撮らせてみながら、「あ、今日の雲、面白い形をしてるね」とか、「みんなあれ何に見える?」なんてやってるうちに、雲に関心を持つ子が他にも出てくるかもしれない。

あるいは、育てたニンジンの大きさが全部違った、「なんで同じように種をまいたのに大きいニンジンと小さなニンジンができちゃうんだろう」ということで、じゃあそれを調べてみようと、実際に農家の方に来てもらったという事例があります。子どもが興味をちょっと持ったときに、「先生も不思議だわ。大事なことに興味を持ったね」っていうふうにして、先生が子どもの疑問を上手に意味付けしてあげるとよいですね。

そうして子どもたちの小さな関心を膨らませて、みんなの共通の関心にしていく作業が必要です。そのうえで、その不思議を解明するような、あるいは感動を形にするような体験が必要なんです。そうして子どもたちは没頭していく。そして没頭しながら「面白くなってきた」って感じるようになる。そこでさらに「もっと大きくするにはどうしたらいいの」とか言って、自分たちのやっていることを振り返ったり、共有したり、もっと大きな目標をつくったりということも必要になってきます。つまり関心を持つ、やってみる、面白いと思う、それで没頭する、また疑問が出てくる、また反省して探究する、というサイクルを繰り返していくことで、領域「環境」の活動が発展していくんです。

領域「環境」で求められていること

要するに領域「環境」で求められてることっていうのは、子どもたちが周囲の自然や身近な世界の何かに興味・疑問・問い・関心などをまず持つ。それをちゃんと上手に促していく。そして今度は試行錯誤的に何かすることなのです。さらに、より高度なレベルでそれを続ける、そういう活動をしていかないと、領域「環境」で求められているような子どもたちの活動は生まれないんです。そこが領域「環境」の面白さであり、大事なところなんだけれど、必ずしもそういうふうに取り組まれていない。散歩にはよく行くけれど、行って帰ってくるだけで終わってしまってるっていうのは、すごく多いですよね。散歩の途中でいろんなものを見つけたり、疑問に思ったりしたことを次の探究につなげていくことをしないと、領域「環境」はなかなか形にならないです。

これは学校における「探究的な学習」と似ています。環境っていう領域は、小学校の学

5領域「環境」の具体的な育ちの要素は？

<例>
環境
おもしろい！
道具の扱い、文化、記号、文字などへの興味や気づき。
身近な社会のジャンル
家や園、生活などに関すること
そうか！
ふしぎ…
※厳密な分別は難しいんだけど…
身近な自然のジャンル
命の尊さや物の性質、数の概念などへの興味や気づき。
1
2
3
生物や季節などに関すること
大切だね！

力にかなり関連するカテゴリーなんです。でも一斉指導の学校とは違い、園では自ら身近な環境にいろいろと興味・関心を持ちながら、そこでさまざまな探索活動や調査活動あるいは表現活動をしていくことが期待されているから「環境」と呼んでいるのです。領域「環境」はそういう意味なんだということを、今日はまず押さえていただきたいと思います。

そして、これが保育現場であまり熱心に取り組まれていないということも、押さえておいてほしい。これをしっかりやるためには、今お話ししたようなことを大事にしようとする全員の意思一致が必要になってきますので。

さて、そうすると保育者が何をしなきゃいけないかっていうと、興味・関心と疑問を感

園と学校のワクワクする探究的な遊び・学び

学校：一斉の生活科で
プリズムで何に気づく？
虹だ！
ワクワク
なんで？
園：大人が設定した環境で
サン・キャッチャー
きれいだね
何だろうね？
ワクワク
わ〜これ何？

じる世界を、上手に子どもたちの身近に提示してあげることですよね。あるいは子どもたちの常識を覆すような言動を工夫しながら、子どもたちの気持ちを「異化《いか》」する。異化するっていうのは、当たり前だと思ったことが「あれ？　そうじゃないな」っていうふうになることを言います。なんともないことが、ちょっとした先生方の働きかけによって「そうだ、どうしてだろうな」ってなっていきますよね。そういうことが大事になります。

　そうして何かに興味を持ったら、今度は子どもたちが何をしてもいい自由さを与えなきゃならない。何から何まで「危ないからやめてちょうだい」になっていったら、せっかく興味を持ったことが発展しない。上手につきあいながら、子どもたちの興味・関心を形にしていくようなことを手伝うというわけですよね。

それからその成果をスタッフみんなに話して共有する機会をつくる。「こういうのもできたんだけどさ」という毎日の振り返りのなかで、「ここから先どうやっていいかわかんないんだよな」「じゃあみんなで今日考えようか」なんてことをやる。そして次に続けていく。そういう意味で、興味を持ったことを持続させていく工夫が大事だということですね。そういうことが保育者の役割になっていきます。

保育者が領域「環境」を実践しようとしたら、それは主として自然を対象にして子どもたちの興味・関心を発達させる保育実践なんです。さっきも言ったように、それは知識を覚えさせる教育よりずっと難しいです。しかしそのためには、たとえば子どもたちがアリの巣に興味があったら、保育者もアリの巣について知らなければ、子どもたちにヒントを与えることはできませんよね。あるいは子どもがものすごく面白いことに気がついたなって先生のほうが思わないで、「あ、そうなの、アリさんを部屋のなかに入れないでね」でおしまいになってしまったら子どもたちの興味・関心なんて発展しようがないわけですよ。

あるいはこれも実際ある園でやった事例ですが、イチゴをみんなで育てたけれども、実があんまり大きくならない、どうしたらいいんだろうと、近所の農家の方に聞きに行ったら、肥料っていうものを教えてもらいました。すると、違う肥料を三種類ぐらい与えたときに、どの肥料が一番実が大きくなるかという科学的な実験を子どもたちがやり始めたんですね。でもそういうふうなことをやるためには、保育者のほうがそういう知識を持ってなきゃいけない。窒素肥料は葉っぱを大きくするんだとかね。

さらには子どもたちが興味を持ったものを、子どもたち自身で調べられるように、質の良い図鑑だとか関連する絵本だとか、そういうものを調べて買って園に置いてあげる。置くだけでなく保育者も折に触れて学んでいく。そういうことも必要になってくる。だから**領域「環境」の実践をしっかりすると、保育者はすごく物知りになっていきますよね。それが子どもたちにとってありがたい環境になっていきます。**あとで言いますけど、保育者そのものが大事な「環境」なんですね。

子どもが自分で自分を育てるために

さて、最初に二つあるといった「環境」のもう一つの意味、「環境づくり」というときの環境について考えたいと思います。
「環境づくり」っていうときの環境というのは、「環境を通じた教育」というときの環境と同じことなんですが、いったい何を指しているのでしょうか？

　これはひと言で言うと、**子どもたちの自育性《じいくせい》を支える状況をつくり出す**ということなんです。つまり**子どもたちは適切な環境があれば自分で自分を育てていく存在なんだ**ということです。大人から指示されて、できたらほめられる、そういう形で人間は育つわけじゃないんです。そうではなくて、子ども自身が自分で興味を持って「面白い！　覚えとこう」とか、あるいは「どうしてだろう」とか、そうやって自分が興味・関心を持ったことを自分で確かめたい、あるいはそれに基づいて何かを実験してみたい、というようなことを通じて少しずつ知識だとかスキルというものを広げていく、高めていく、そういう形でこそ人間は育つんだってことが、だんだんわかってきたんですね。

　それを私は、子どもたちは自分で自分を育てる存在なんだから、子どもたちの「自育性」と呼ぼうと考えた。**この子どもたちがどんどん自分で自分を育てていこうという状況をつくっていくことが、実は環境づくりなんですね。**子どもたちは自分の命を自分で輝かせ、自分で形にしていくということを望んでいるんです。そしてその変化の様子のことを私たちは発達と言ってるんです。子どもたちが与えられた命を自らどんどん輝かせていく、それをうまく保障していくっていうのが、保育における環境づくりなんです。

環境づくりの三つの分野

保育における環境づくりには、さらに大きく分けて三つぐらいの分野があるんです。今日はそのことも覚えていただこうと思います。

一つは、「物理的な環境」です。たとえば「部屋にどんなおもちゃが置いてあるか」「部屋にグリーンはあるか」「何時ごろに窓から部屋に光が入るのか」だとか、壁紙やカーテンやカーペットの色、テーブルや椅子の大きさや高さなどもそうです。園庭にはどんな木が植えてあるのか、足洗い場はどこにあるのかとか、そういうようなことも全部、環境です。このような環境をまとめて「物理的な環境」、あるいは「物的環境」と言いましょう。これが一つ目です。

それに対して、保育者の資格や研修、担当する子どもの人数、先生方の経験年数や異年齢保育の有無などがあります。これが二つ目の環境です。これは「構造的な環境」と言っ

2つ目の環境 学びの場としての「環境」

大人がつくる（設定する）3つの環境

❶物理的な環境
自然物や文化との出会いや
遊具（直接的保育環境）
❷構造的な環境
配置基準や園庭の有無など（制度的環境）
指導計画や研修の機会など（間接的保育環境）
❸人的環境
大丈夫、大好きだよ〜
人的環境が一番大切！

ておきましょう。あるいは「制度的環境」って言ってもいいと思います。

それから三つ目は、「人的環境」です。子どもをどんなふうに叱っているかとか、子どもにもできるだけ任せてみようとしているのか、あるいはけんかをしたときにどういう対応をしてるのか、子どもが何かやろうとしたことに共感しているのか、とか。こういうのは全部、「人的環境」とまとめましょう。つまり保育者がどういう姿勢で保育しているかということです。

この三つの環境はそれぞれ大事です。でも保育園の環境づくりというと一番目の「物理的な環境」を中心に考えてしまう人が多いと思うんですよね。それに対して私はこの三つのなかでどれが一番大事かと言われたら、三つ目の「人的環境」が一番大事だと思っています。なぜでしょうか。

一九八〇年前後に全国で中学校が荒れに荒れたことがありました。どうしてこれだけ中学生が荒れるんだろうと、私自身でもいろいろ調べたり歩いたりしたんです。そうすると、こんなことがわかってきたんです。

荒れている学校は、行ってみるとどの学校でも職員室のなかに生徒は入れない、そして職員室のなかのあちこちで先生が「またあいつやりやがった」とか、「あの親が親だからな」とか、子どもと親の悪口のようなものを言い合ってる。そういうところが圧倒的に多かったんです。教師の期待通りじゃないような子どもの姿をあげつらって、子どものことを悪く言う、叱る。そういう学校が荒れていました。

逆に荒れが収まった学校は違いました。子どものことをとにかくよく見ていこうという方針で、できるだけ子どもに任せようとしていた。そして学校のなかで子どもたちのことや親のことを悪く言う先生は一人もいませんでした。**実は子どもたちは、大人から信頼されているんだと感じれば、自ずと変わっていくものなんです。**

教師によって学校のなかにつくられる、ある種の倫理的な雰囲気――社会学の専門用語で「エートス」っていうんですけれど——それによって学校が変わるんですね。幼稚園、保育園、こども園でもまったく同じことだと思っています。

いい保育園の共通点

いい保育園、いい幼稚園は、この倫理的な雰囲気が違うんですよ。たとえばA園は、温かい、優しい、落ち着いた雰囲気で、先生方の大きな声も聞こえてこないし、子どもたちが怒鳴り合うような声も聞こえてこない。それに対してB園は、どこかとげとげしい雰囲気があって、みんなでちょっと遠慮し合ってて、ちょっときついなって雰囲気がある。まあこんな文学的な表現しかできないんですが、そういう違いっていうのが実は一番大きな違いなんですね。

A園は子どもが失敗しても「だから言ったでしょ」なんてことは絶対言わない。ふざけて転んでも「大丈夫だった？　痛くなかった？」って言ってくれる。「どうしたらうまくいくか一緒に先生と考えようか」なんて言って子どもたちの試行錯誤を手伝う。先生が大きな声を出さないのもポイントです。子どもが活動に集中して黙って静かなときは、先生は大きな声を出さずに、指のサインで会話をしたりする。

それからA園では、**先生同士がいつも共感的に語り合っている。**「そうなのよね」とか、「◯◯してくれたの、先生ありがとうね」とか、先生同士がお互いにトゲがない。命令的な言葉遣いがない。先生同士の会話が柔らかい。それに対してB園では、「先生、ちょっとお節介かもしれないけども、こういうときにはこういうふうにしたほうがいいと私は思うんだけども」って言った途端に「そんなことやってる余裕はありません！」って返されてしまう。要するに先生同士が、日ごろから跳ねつけるような感じの会話をしているんですね。

そしてA園では、「子どもたちのやることはほんと面白いよね」って**先生方が子どもたちのことをリスペクトしている。**そんなところもA園のよい雰囲気をつくっていくのです。

自分たちの園がA園なのかB園なのか、あるいはその中間のC園なのかっていうのは、実は自分たちではあまりよくわからないかもしれません。それは外から見たときに、「あなたのところの園は静かでいいわね」とか、「先生方が本当に子どもに対して温かいわね」とか、自分では当たり前と思ったことが、とてもいいことだってわかることがあるんです。

大事なのは、A園のような雰囲気をつくっていこうとしなければ、子どもたちは主体的にいろんなことに取り組むということはしないんだということです。

環境づくりとは、自分の家を少しずつ改造しながら自分の好みの家につくり替えていくのと同じ楽しみだと思っています。幼稚園とか保育園は子どもたちにとっては大きなもう一つのおうちですから、疲れたときはそこでゴロンとなれるような、そういう場所をつくっておくことが、環境づくりとして大事になってきます。園庭が落ち着ける心地いい庭になっているかどうか。質の高いおもちゃがたくさんあるとか、部屋のレイアウトを工夫し続けることもそうです。皆さんだって、自分の家だったらそうやってつくりたいでしょ？　そういうキレイで落ち着くような家を、子どもたちのためにつくっていくんです。自分が生活しているところを最高の園にしたい、そういう気持ちで工夫を続けること、それが子どもたち本位の環境づくりになるんですよね。その意味では、物理的な環境というよりは文化としての環境、「文化環境」というほうがいいかもしれませんね。園に文化性が豊かにあるかどうか、それが問われているわけです。

さて、もう時間が来ました。以上で今回の話を終わります。

おおえだノート②

5領域の環境と、設定する環境の関係

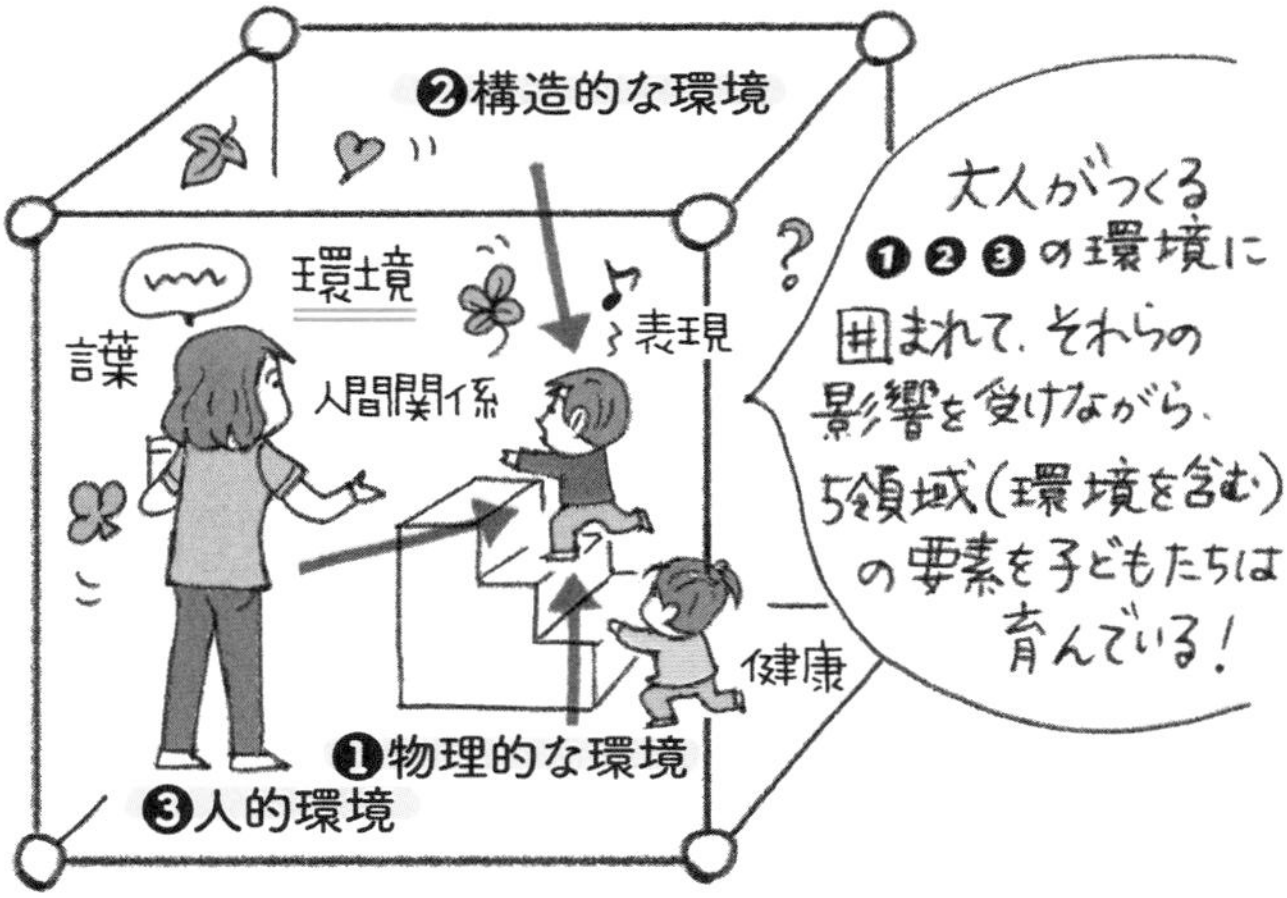

Ａ　学びのジャンル・要素を示している「5領域」のなかの環境。

Ｂ「環境を通した教育」というときの、子どもの周囲にある環境。

この違いをはっきり意識せず、漫然と使っていた人、けっこういるのでは？（私もそのひとりです！）。

「紛らわしいから5領域のほうの単語でも、変えられたらいいのにね」とは汐見先生の弁。強いていうなら、「事物との関わり」でしょうか。何がいいと思いますか？

ともあれ、大人がつくるＢの環境が向上すると、Ａの、環境を含む5領域の育ちが保障されていく――2つにはこんな関係が成り立ちそうです。ＢありきのＡですね。

Ａの環境では「自然環境」、Ｂの環境では「人的環境」が要。今回の講座では、ここがポイントです。チェック・イット・アウト！

（おおえだけいこ）

第三講

主体性

〜自分の物語を
自分で紡いでいけるように〜

5月

皆さん、こんばんは。今回のキーワードは、最近の保育の世界で頻繁に使われるようになってきた「主体性」という言葉です。意味としてはわかっているような、でも、あらためて聞かれたらよくわからないなという、そういう言葉の一つだと思うんですね。今日はそんな主体性という言葉をひもときながら、これからの保育で大事なことを考えていきたいと思っています。

幼稚園教育要領における「主体」の意味

現在の幼稚園教育要領、保育所保育指針、幼保連携型認定こども園教育・保育要領では、いずれも「主体」という語が重要なキーワードになっています。

コロナ禍で私たちは保育の見直しをせざるを得なくなりましたよね。行事がいつものようにできない。気を遣いながら保育をしなければならない。子どもたちを育てるのにどんな工夫をしたらいいのか、みんな必死になって考えざるを得ませんでした。そのため「そもそも運動会って必要なんだろうか」とか「運動会で子どもの何を育てようとしてるんだろうか」といったような、保育の見直しが始まりました。そのときにあらためて「保育ってこういうことだよね」と議論するときのキーワードの一つが「主体性」という言葉だったわけです。

まずは要領や指針で、実際にこの言葉がどう使われているのかを見ておきましょう。幼稚園教育要領にはこういうふうに書かれています。

「このため、教師は幼児との信頼関係を十分に築き、幼児が身近な環境に主体的に関わり、環境との関わり方や意味に気付き、これらを取り込もうとして、試行錯誤したり、考えたりするようになる幼児期の教育における見方・考え方を生かし、幼児と共によりよい教育環境を創造するように努めるものとする。」（第1章 総則 第1 幼稚園教育の基本より一部著者翻案）

ここでは、子どもたちが自分の身近な環境に主体的に関わり、そこで自分と環境との関わり方の特徴やその環境の持つ意味に気付いて、それを取り込もうとしていくんだと言っている。たとえば「わぁ、きれいな虫がいた」「なんていう虫だろう。図鑑で調べよう」「先生、飼っていい?」「もっと増やそう」とか、そういうことをまとめて「環境を取り込もうとしてる」と言ってるわけです。そしてそのために良い教育環境をつくらなきゃいけないと言ってるんですね。ここでまず「環境に主体的に関わる」という言葉が出てきます。

「正義と責任、男女の平等、自他の敬愛と協力を重んずるとともに、公共の精神に基づき、主体的に社会の形成に参画し、その発展に寄与する態度を養うこと」(前文3)

ここは教育基本法とも関連していて、正義心を持ち、社会のなかで自分は大事な役割を果たすんだという責任意識を持つこと。人間はみな平等で、男女は本来平等だと考えること。そして教育基本法のキーワードでもある「自他の敬愛と協力」。つまり、自分を愛し、自分を愛するがゆえに人を愛せること。そして考え方や立場が違っても協力することを重んずることが大事だと書いてあります。

さらに、**自分のためだけでなくみんなのために「公共の精神に基づき」、主体的に社会の形成に参加しなさい**とある。これは社会を自分たちでつくっていくんだっていうことを意味しています。主体的に社会の形成に参画する、そしてその社会の発展に寄与する、そういう態度を育てなければいけないんだよ、と言っています。率直に言って幼児期でこんなこと全部できるわけはありません。でも、これは何を言いたいかというと「**民主主義をちゃんと担えるように育てようね**」ということなんです。

今、民主主義を放棄して権威主義・権力主義的になった社会がロシアやベラルーシなどをはじめとして増えています。相手を権力で屈服させる、違う意見を持ったら追い払うとか、そんなのは民主主義ではありません。違う意見があったときに、しっかりと議論しながら、一致できることを見いだしつつ、一緒に行動していくのが民主主義なんです。そういう意味では非常に時間がかかる、面倒な営みなんです。

しかも今はグローバル化が進み、日本にも多様な外国人が住むようになってきました。習慣・宗教・考え方が違う人たちが一緒に暮らしていくようになります。だから、考え方が違ったとしても、一致するところを上手に導き出して社会をつくっていかねばならなくなりますよ、と言っています。ここでも主体的という言葉が使われています。

他にもあるのですが、幼稚園教育要領では「環境に主体的に関わる」「主体的に社会の形成に参画する」という二つの形で使われているということを覚えておいてください。

保育所保育指針における「主体」の意味

一方の保育所保育指針では使い方がちょっと違って、次のような言い方をしています。

「一人一人の子どもの状況や家庭及び地域社会での生活の実態を把握するとともに、子どもが安心感と信頼感をもって活動できるよう、子どもの主体としての思いや願いを受け止めること」（第1章 総則 1 保育所保育に関する基本原則（3）保育の方法 ア）

つまり子どもはそれぞれの家庭や地域社会の状況のなかで理解しなきゃいけないということです。たとえば何か元気がない、あるいは人と関わるのがおっくうに感じる子どもがいたときに、その子の持つ性格の側面と、その子がどういう家庭のなかでどういう暮らしをしているのかという側面の両方を見ていかなければなりません。子どもの状況や家庭の状況、生活の実態を把握しながら、どういう子どもであったとしても「ここでは無意味に叱られないんだ」「自分の行動が変に評価・批判されないんだ」という安心感、「何かあったら先生が助けてくれる」「わからなかったら先生に聞けばいい」という保育者に対する信頼感。そんな安心感と信頼感を子どもが持ちながら活動できるようにするために、子どもの主体としての思いや願いを受け止めなさいねと書いてあります。

「一人一人の子どもが、周囲から主体として受け止められ、主体として育ち、自分を肯定する気持ちが育まれていくようにする」（第1章 総則 2養護に関する基本的事項（2）イ（ア）③）

「子どもが主体として受け止められる」を他の言葉に換えると「一人の人間として受け止められる」ということでしょうか。「主体として育ち」って書いてあるけれど、ここは子どもを未成熟な人間と捉えるのではなく、自分の気持ちを持っている一人の人間として育てていきましょうということだと考えられますね。

「保育士等との信頼関係を基盤に、一人一人の子どもが主体的に活動し、自発性や探索

意欲などを高めるとともに、自分への自信をもつことができるよう成長の過程を見守り、適切に働きかける」（第1章 総則 2養護に関する基本的事項イ（イ）③）

ここでは「一人一人の子どもが主体的に活動し」と書いてあります。保育者と子どもとの信頼関係がベースにありつつ、AちゃんもBちゃんもCちゃんも、一人ひとりの子どもがそれぞれ主体的に活動をしながら自分を育てていくことが大事で、保育者はそのための働きかけを考えてくださいねって書いてあるんですね。

私は私の主人公

まとめると、幼稚園教育要領では「主体的に関わる」「主体的に参画する」という言い方をしています。一方の保育所保育指針では「主体として育つ」「主体として思いを持つ」と言いつつ、要領と同じように「主体的に活動する」という言葉も書かれています。

ここでこれらを別の言葉に置き換えてみれば、主体とか主体的という言葉の意味が浮かび上がってくると思います。

まず要領にある「身近な環境に主体的に関わり」「主体的に社会の形成に参画し」という場合は、**子どもが自分の意思で自分の思うように参加していく**というニュアンスですよね。人に指示されて、しょうがないからやるのは主体的とは言わない。自分の意思で自分の思うように関わらせるようにしたいというニュアンスで「主体的に」という言葉が使われています。

一方、指針にある「子どもの主体としての思いや願い」「主体として受け止められ、主体として育ち」という場合は、**子どもは自分で自分のすることを決めていい存在だ**というような意味ですね。保育者が勝手にやるべきことを決めて子どもにチャレンジさせるような場合、それをやることを子どもはたいてい何も決めていないですよね。言われたことをただ受け止めてやっていくということになる。でもそうではなく、子どもは自分がやることは自分で決められる、**自分の人生の物語をつくる主人公は子ども自身である**というような意味です。「私はこういうものが好きだから一生懸命やっているんだ」「私がそれをやりたい、やらなきゃいけないと思うからやっているんだ」「その結果、私はこういうことが大好きで、こういうものが嫌いで」……というように、**いのちの物語をつくるストーリーライターはその子自身であるということなんです。**だから、親が決めたことを、親にほめ

「私は私の人生の主人公」

こっちの道を行って!!
ぼくはこっちに新しいぼくの道をつくりたいんだ。
おとな
MAP
「自分の人生は自分が主人公」。この感覚を、まず「主体性」ととらえる。
※さて、大人は、どのように対応したらいい?

られたいと思って一生懸命やるのは主体として育っているということにはならないのです。

やりたくないことでも「嫌だ」と言うと叱られるから「我慢してやろう」という参加の仕方は主体的とは言いません。自分で本当にそうだな、やりたいなと思って、自分で決めてそれに参加していく、あるいは自分がどういう生き方をするのかは私が決めるんだ、人生の物語は自分が主人公になってつくっていくんだ、そういうニュアンスが主体的という言葉には込められているんだということを、感じていただければと思います。

かつて兵庫県但馬《たじま》地方で小学校の先生をしていた東井義雄《とういよしお》さんという方がいました。日本の近代化が子どもたちを村からどんどん追い出してしまっていて、進学するためだけの学力を身に付けるようになっていることを「村を捨てる学力」と呼んだ人です。その東井義雄さんが書いた詩のなかに「自分は自分の主人公」という言葉があります。これを僕はいいなと思ってます。

自分は 自分の主人公
世界でただひとりの 自分を創っていく責任者
自分をのりこえては
もっと大きい自分を創っていく
もっと豊かな自分を創っていく
もっと強い自分を創っていく
もっと確かな自分を創っていく
もっと深い自分を創っていく
自分を創るのは 自分以外ないのだから

――東井義雄『人生の詩』より一部を引用

要するに、**私は私の主人公なんです。**私がどういうふうに生きるか、何を今やりたいのか、何を食べたいのか、どういう服を着たいのか、どういう道を今歩きたいのか、日曜日どういうところで遊びたいのか、全部私が決めたいんだ、っていうことですね。

私の生きる物語、私の生命の物語、つまり人生とは私が筋書きを書いて、私がそこで主人公を演じて、そして私がつくっていくんだ。**ストーリーも演出も主人公も私なんだという感覚のことを「主体性」という言葉で表そうとしたことを押さえておいてください。**

ところが、今日のテーマである「主体性」という言葉は、じつは指針や要領のどこにも出てこないんです。解説書や研修では「主体性が大事だ」とあるかもしれませんが、指針や要領には、さまざまな配慮をして、主体性という言葉を使うことを避けているんです。「主体的に」とか「主体として育つ」という形では使うけれど、「主体性」そのものは言葉として出てこないんです。なぜそうなっているのでしょうか。

実は「主体性」という言葉は、意味が難しく、哲学の歴史でも議論の対象だった言葉なのです。「主体性」の原語は、英語の場合「Subject(サブジェクト)」という単語の名詞形として「Subjectivity（サブジェクティビティ）」「Subjectness（サブジェクトネス）」があります。でもこの言葉はもともと「支配」「臣下」という意味で、あえていうと「従属性」

というような意味だったんです。そこから派生して、「自分で歴史の進む道を知り、それに従って自分を律すること」を「主体性」というべきではないか、というような議論があった。もしもそんな「主体性」という言葉を使うことになれば、「これはどの意味で使っているのだろう」というような混乱を招きかねません。だから指針でも要領でも使っていないのだと思います。

ここで主体性を表すのに「Subject」の名詞型の「Subjectivity」よりも、もっといい言葉があるのです。それが「Agency（エイジェンシー）」です。

エイジェンシーという言葉が示すもの

世界の教育改革をリードする組織の一つであるOECD（経済協力開発機構）が、二〇一八年に「Education 2030」という大事な文書を発表しました。その文書でキーワードになっているのが「エイジェンシー（Agency）」という言葉です。私はこの言葉が大事だなと思っているんですよね。

エイジェンシーは「変化を起こすために、自分で目標を設定し、振り返り、責任を持っ

エイジェンシー（主体性）の要素

OECDの定義も踏まえて

私が主人公。
（当事者性）
自分の定めた
目標を追求するよ。
（自己原因性）
目的地まで
行くんだ！
（責任意識）
あ、スピードが落ちた。
どうしようか？
（反省性）
実践的な力
わたし

て行動する能力」と定義されています。たとえば、遊びをもっと変化させよう、面白くしようとして「こっちを持ち上げてみよう」とか、「今度はもっとでっかい紙飛行機をつくってみよう」とか、目標を自分で設定してやってみる。それで、ここはうまくいかなかったとか、ここはよかったなどと振り返って自分を評価する。そしてもう一回目標を設定し直して、最後まで目標ができるまでやっていく。それを責任を持って行動するということです。新しい変化を起こすために、どうやるかを自分あるいは自分たちで考える。そしてそのために試行錯誤し、反省もし、評価もして、もう一回やっていく。そういう力のことをOECDは「エイジェンシー」と言っているんですね。私はこれは現代的な「主体性」と言っていいんじゃないかと思っているんです。

エイジェンシーには次のような要素が含まれています。まずは自分で目標を設定するという①当事者性。私が主人公なんだという感覚のことですね。それから設定した目標について自分でいろいろ追求するということで、これは②自己原因性と言っておきましょう。まずはこの二つが大事なのです。

それだけでなく、うまくいかないときにどうしたらいいか考える③反省性があり、せっかくやったんだから最後まで頑張ろうよという意思としての④責任意識がある。そしてこれらの変化を起こすための⑤実践的＝変革的な力があり、まとめてエイジェンシーとしています。これらの要素からみるとエイジェンシーを「主体性」を意味する言葉として採用しても矛盾しないですよね。

よく「子どもに主体的に好きなことをさせていたら、わがままになる」と言う人がいますが、その人は、主体性のなかに、エイジェンシーでいう「反省性」や「責任意識」を含めて考えていないわけですね。主体的に好きなことをするということのなかには、自分で目標を設定するだけでなく、自分が設定した目標に対して「まだ不十分だよね（反省性）、頑張ってやろうよ（責任意識）」と考える姿勢も大事になるわけです。

ですから子どもたちが「今度の運動会はもっとお母さんたちが喜ぶことやろうよ」と考えて、実際に運動会のあり方を少し変えることにつながるようなことは、じつはエイジェンシーなんです。それは主体性にとても近いものではないかと私は考えています。

エイジェンシー＝主体性ととらえると、①自主的に、干渉されずに自分で独立して判断・行動し、②それについて責任を取る決意で関わる、という二つの意味を含んでいると考えられます。責任を取る、というのは最後まで頑張ろうというくらいの意味です。

別の言い方をすると、自分のいのちの物語をどうつくるかは、自分で責任を持ってやるということです。人間の主人公性、自分のいのちの物語は自分が主人公であり、自分の責任でつくる、という前向きの実践姿勢を主体性と考えたいのです。

「いい子」のジレンマ

さて、もう一つ大事なことを申し上げておきたいと思います。

これまでの話から「主体性」「主体的に」「主体」という言葉を大事にするということは、

「子どもが自分の意思と責任で、ときに反省しながら、自分の人生をつくっていくこと、その姿勢をもつこと」と言えそうです。

でも、これがなかなか難しいんです。とくにいわゆる「いい子」が問題です。いい子は「本当はこんなの嫌だ」とか「こんなことやりたい」とあまり主張をせずに、お母さんやお父さんが期待していること、あるいは学校の先生が期待していることを上手に感じ取ります。その期待に沿って私が頑張ればいいんだ、そうすればほめてくれるし、ママもいい顔をしてくれる。それが私の喜びなんだと思って、周りの社会、特に家族の人たちの期待を一生懸命先取りしながら頑張るんですね。

親が「塾に行こうね」と言ったら「頑張って行く」と答えるし、「こういう習い事しようね」って言ったら「うん、頑張ってやる」と言うんです。でも、心の深いところで「本当に自分はそれをやりたいのか」っていうことはあまり問うていない。もし問うていくとすると、本当はやりたくないことも出てくるかもしれないから、あえて問わずに上手に周りに合わせていこうとする。周りの期待に一生懸命自分を合わせていく。そういう子どものことを私たちは「いい子」と言っているわけです。

人間には生まれ持ったいろいろな欲望の世界がありますが、それは一人ひとり違います。

小さいときから「黄色が大好き」という子もいれば、黄色なんかどうでもよくて自分は「青がいい」って子もいます。こういうものが大好きなんだ、こういうことやりたいんだっていうのは小さいときから漠然とですが、それぞれにあるんですね。それがだんだん形になっていき、本来的な自分が出てくるのです。

同時に子どもは小さいときから社会のなかで生きなきゃいけません。社会っていうのは、これはやってはいけませんよ、これはいいことですよと、いっぱい押し付けてくるところなんです。子どもはそれを先取りして社会に合わせて自分をつくっていくこともします。そのときに、自分がやりたいことよりも社会に合わせてやるほうを優先してしまうと、親はとても助かるんですね。文句を言わない「いい子」になるのです。専門用語では過剰《かじょう》適応《てきおう》、つまり社会の期待に適応しすぎた子ですよね。

そういう子たちの多くは思春期あたりになったら難しくなってきます。「自分は本当にこれをやりたくてやっているの?」と、少しずつ気が付くんです。親の期待に応えてきただけじゃないかと。そう思ったときに「自分はいったい何なんだ」と、親に過剰に反抗的になったり無気力になっていったりしてしまう。だから「いい子」は育っていった後が難しいのですね。だからこそ、**小さいときから自分のやりたいことは自分でどんどん出して、**

それを形にしていくことが大事で、それが主体性だということになるのです。

子どもの主体性を促し支えるプロセス

では、子どもが一人で主体性を発揮できるかというと、それはできないことなんです。なぜかと言えば、主体性を発揮させるためには、子どもを育てる大人、つまり親や保育者が、子どものやりたいことや好きなことをちゃんと保障してあげないといけないからです。それをせずに親や保育者が「あなたのためだ」と大人の要求を先に押し付けると、子どもはそれに過剰適応して「いい子」になってしまう。だから、その逆をやらなきゃいけないんだよね。好きなことやっていいんだよ、って。

でもね、なんでもいいっていうことはできない。理由はいくつかあります。

一つは、何かをしようとしたらモノの論理には従わなければならないということです。自然の論理を身に付けなければならない。たとえば重いものを持ち上げるには工夫しなければならないわけです。それを子どもたちに学ばせることが必要になります。

二つ目には、保育というのは子どもの願いと保育者の願いとの接点でおこなわれるという事情があります。保育は人生初期の子どもを対象とした教育、つまり意識的な人育てですから、「こういう社会に生きるのだからこういう力をしっかり持ってね」という保育者の願いが前提になって保育を行います。

たとえば今だったら、「しっかり自分の意見を言える子になってね」とか、「自分のことが好きと言える人間になってね」とか、そういう保育者の願いが保育のどこかに反映され、それを受けた子どもがその要請をどこかで取り入れていくという形で保育が成立するわけです。

でも、保育者の願いと子どもの願いとの間に矛盾が発生することがあります。現代の保育課題は「もっと子どもが自分を大切にして、自分のしたいことを見つけて、それに没頭してね」というような願いをこれまで以上に大切にして保育をすることです。そうした保育者の願いは、さしあたり環境づくりには反映されるのですが、その環境のなかで、子どもたちは保育者の予想を超えて自由に活動します。保育者にはそれをできるだけ自由に保障してほしいのですが、その内容が時として保育者の期待していること、願っていることと異なることがありますよね。たとえば「きょうは◯◯公園に行って遊ぼう」と先生が言っ

保育者との願いの接点で

掘り出した石を運びたいけど重くて二輪車にのらないね。
手伝おうか？
テコの原理が使えることを伝えたいな。

自然の原理に気づかせたい（願い）。
子どもと相談しながら、子どもの主体性発揮を支えるために、大人の主体性が発揮される。

ても、子どもたちは「エエ〜ッ、◯◯公園よりも△△公園のほうがいい」と言い出したりすることがありますが、そういうときどうするか、ということです。

そういう子どもの主体性と保育者の願いが矛盾するときに、いつも子どもの意見・やり方を優先するのが子ども主体の保育であるというわけではありません。子どもの要求には気分的なものも多くありますから、そういうときは「わかった、わかった。じゃあちょっと相談しよう」と言って、意見交換をして、できるだけ子どもたちの意見・意向を大切にしながらも、保育者のねがいも伝えるようにしてほしいのです。これを私は、子どもに寄り添いつつ「できるだけ子どもたちと相談し

子どもと大人の主体性が生きるプロセス

①子どもの主体性
尊重する意思
③相談
テコを使うのはどう？
④こんなヒントを次の活動にも生かせるよう振り返る
②環境設定で応援
⑤この経験をバネ(テコ)に次の挑戦へ
棒を深く差し込むとよく動くね！

て進める保育」と呼んでいます。子どもたちと相談して進めながら、子どもが自主的・自己選択できる世界を増やしていく、そして子どもたち自身が保育そのものをつくっていく。それが子ども主体＝エイジェンシーの保育ということだと思っています。

まとめると、保育における主体性というのは、次のようなプロセス全体を指していることになります。

①子どもの主体性＝エイジェンシーを育てていこうという意思を前提に、

②子どもが自主的に活動しだし、つまずいても諦めず続けるような状況・雰囲気をつくり

出し（＝環境構成）、
③必要に応じて子どもに意見を求め、相談し、子どもが納得するように配慮し、
④その活動をときに保育者が自分の言葉で説明して伝え、そのヒントをもとに次のテーマは自分たちで見つける振り返り（＝反省）をするように援助し、
⑤その振り返りをバネに、より価値ある世界に挑んでいく。

そういうことをわきまえて保育に意識的になるのが保育者の主体性なんだということが、今日の話の要点になります。

これからの時代、答えのない問題と向き合っていかなきゃいけないということは、はっきりしています。だから、議論して自分の意見を言い、相手の意見をしっかり聞いて調整できる力が、これからを生きる子どもたちにとって最も大事になっていくんですよね。

でも、日本人はそういうふうに育てられていない。だから公的な場で自分の意見を言うことが苦手な人が多いですよね。そこを変えていかなければいけない。主体性の重視にはそういう背景もあることも、ぜひ知っておいてください。

おおえだノート③

子どもの主体性を損なわないために

子どもの話をよく聞き、相談してものごとを進める保育を

いつも人に合わせてしまう子
先生の願いと異なる意見を出す子
うん それでいいよ
今日はAちゃんの意見を先に聞いてもいい？
それだと〜だね。どうしようか？
やだ〜っ ○○したいっ

今から約25年前、私が汐見先生主宰の研究会に参加し始めたころ、「個性尊重」という言葉がよく使われていました。個人的に、その言葉の座が今、「主体性尊重」に取って代わられたように感じています。

最近は、毎日のように「子どもの主体性尊重」を耳にしませんか？ そして自分の「願い」との優先順位で悩みませんか？

実は、25年前も、個性尊重か大人の願いかで、大人は悩んでいたんです。「子どもの個性を尊重していたら、わがままになるのでは？」とか。

その質問に当時汐見先生は、「わがままは自分だけ甘い汁を吸うこと。それは許してはだめだよね」と言われていました。

個性、主体性の尊重には、まず子どもの声を聞き、話すこと。

今はそれが強調される時代になりました。

（おおえだけいこ）

第四講

10の姿①

～小学校との円滑な接続のためのイメージ目標群～

さて、今回は最近保育の世界でよく取り上げられるようになってきた「10の姿」について考えていきましょう。正式には「幼児期の終わりまでに育ってほしい姿」と言いますが、それが十個あるので略称のような形で「10の姿」と使われています。今の幼稚園、保育園、こども園の保育を通じて、とくに年長の卒園までに、こういうイメージの育ちを実現してほしいという中身が「10の姿」なんですね。

幼児教育と小学校教育に架ける橋

約三十年前にかなりの議論をして、今の保育は六領域から五領域に移りました。皆さんも五領域の目標群を念頭に置きながら、保育を考えたり評価したりしているはずです。

6月

いちおう五つの領域についておさらいしておきましょう。まず、体をどう育てていくかの「健康」。それから人との関わりの力、対人関係能力を育てていく「人間関係」。周りの世界、自然や社会、数字や文字も含めた文化に対する興味・関心や理解をどう進めていくかの「環境」。聞く力、話す力、討論する力、語彙力といった言葉の力を育てる「言葉」。わかったこと、うれしいこと、悲しいことといった内面の動きを文化的な形で外へ出す力を育みつつ、その人の個性をつくっていく「表現」。これらが五領域です。

さらに指針・要領には、この五つの領域にそれぞれ十個ぐらいずつ具体的な目標や内容が書いてあります。そして各領域には三つずつ、心情・意欲・態度という項目があります。心情は子どもの気持ちですよね。むかし教育者の倉橋惣三《くらはしそうぞう》さんが言った「心持ち」のようなものですね。それから意欲、そして態度。これらをどう育てるのかがそれぞれあって、つまり5×3で15の狙いがある。そういう形でずっとやってきたんです。

ですが、現在の指針・要領、こども園教育・保育要領から、総則に「10の姿を意識した保育をやってほしい」と書かれているんですよね。でも、これはどこから出てきたのか。それが変わることによって保育をどう見直せばいいのか、考え直せばいいのかが、必ずしもていねいに説明されていないわけです。

5領域と10の姿の関係

※それぞれの5領域から抽出された10個の資質・能力が10の姿の項目です。

1 健康	1 健康な心と体
2 人間関係	2 自立心 3 協同性 4 道徳性・規範意識の芽生え 5 社会生活との関わり
3 環境	6 思考力の芽生え 7 自然との関わり・生命尊重 8 数量や図形、標識や文字などへの関心・感覚
4 言葉	9 言葉による伝え合い
5 表現	10 豊かな感性と表現

五領域の目標群があるのに、どうして新たに「10の姿」が要領や指針に書かれたのか、私たちは必ずしも説明を受けていないですよね。ところが、**これからの保育ではこの「10の姿」の理解と実践への生かし方が、かなり大事になっていくのです。**

今、文部科学省に置かれている中央教育審議会（中教審）の教育課程部会初等中等教育分科会の下の「幼児教育と小学校教育の架け橋特別委員会」で、**幼児教育と小学校教育の架け橋プログラムが盛んに議論されています。**架け橋ということは、文字通り幼児教育と小学校教育に橋をかけようということです。今までは幼保小連携あるいは幼保こ小連携というような言い方をして、連携や接続を探ってきました。それらを踏まえたうえで、さらに次の橋を一本かけようというプロジェクトです。

今年（二〇二二年）の四月からモデル地域を指定して、幼稚園、保育園、こども園の先生方、小学校低学年の先生方、教育委員会、それから養成校の先生方、あるいは新たにつくられる「架け橋コーディネーター」が定期的に集まり、架け橋期――五歳児と小学校一年生の六歳児の二年間のことをそう呼ぶようになりました――の子どもたちのカリキュラム、つまり**幼稚園、保育園、こども園の五歳児のカリキュラムと小学校一年生のカリキュラムに架け橋をつくり、一緒に渡れるようにしよう**としています。そのための架け橋のカリキュラムを開発する会議が開かれているんです。

これから三年かけてモデル地域の実践が終わったら、その成果を整理したうえで、今度は全国の幼稚園、保育園、こども園と小学校との合同のカリキュラム開発が本格化する予定です。だから、これから三年ぐらいのうちには、幼保小連携がものすごく前に進んでいくことになります。

別の言い方をすると、五歳児を義務教育の出発点として位置付けていくということです。義務教育の開始期を早期化していくことは、日本の古くからの、とくに国の願いなのですが、それを五歳児から学校が始まるとは言わず、五歳児と六歳児のカリキュラムを共同でつくる形で、実質的に五歳児が学校の始まりとするシステムに移行することが考えられているのだと思います。

そのキーとなるのが架け橋プログラムであり、架け橋プログラムのなかで一番大事と言われているのが、この「10の姿」の理解なんです。ではこの「10の姿」がどうして出てきたのか、どう取り扱えばいいのか。まずはその基本についてお話しします。

「10の姿」はこうして生まれた

平成二十八（二〇一六）年の、中教審の教育課程部会幼児教育部会で配られた会議資料に、「幼児期の終わりまでに育ってほしい姿の再整理イメージ（たたき台）」と題した資料があります。ここに何が書いてあるかを見ていきます（次ページの図）。

まず「大項目の再整理」として、**「平成二十二年以降の社会情勢や子供を取り巻く変化、中央教育審議会幼児教育部会等の議論や『教育課程特別部会　論点整理』等を踏まえるとともに、二〇三〇年の社会と子供たちの未来を見据え、再整理したもの」**とあります。その下に10の姿、「健康な心と体」から「豊かな感性と表現」までが書いてあります。

ところが、その下を見てください。「幼児期の終わりまでに育ってほしい幼児の具体的な姿」とあります。これは十二個あり、**「幼児期の教育と小学校教育の円滑な接続の在り方について（報告）」（平成二十二年十一月十一日）に基づく整理**、と注釈が付いています。

この報告は、今から十二年前に文科省の下に置かれた、幼児期の教育と小学校教育の円滑な接続のための委員会、通称「接続委員会」がとりまとめたものです。

幼児期の終わりまでに育ってほしい姿の再整理イメージ

大項目の再整理

※ 平成22年以降の社会情勢や子供を取り巻く変化、中央教育審議会幼児教育部会等の議論や「教育課程特別部会　論点整理」等を踏まえるとともに、2030年の社会と子供たちの未来を見据え、再整理したもの。

- 健康な心と体
- 自立心
- 協同性
- 道徳性・規範意識の芽生え
- 社会生活との関わり
- 思考力の芽生え
- 自然との関わり・生命尊重
- 数量・図形、文字等への関心・感覚
- 言葉による伝え合い
- 豊かな感性と表現

↑

【幼児期の終わりまでに育ってほしい幼児の具体的な姿（※）】

- 健康な心と体
- 自立心
- 協同性
- 道徳性の芽生え
- 規範意識の芽生え
- いろいろな人とのかかわり
- 思考力の芽生え
- 自然とのかかわり
- 生命尊重・公共心等
- 数量・図形・文字等への関心・感覚
- 言葉による伝え合い
- 豊かな感性と表現

※「幼児期の教育と小学校教育の円滑な接続の在り方について（報告）」（平成22年11月11日）に基づく整理。

文部科学省中央教育審議会教育課程部会幼児教育部会で配られた会議資料をもとに作成（平成二十八年）

この委員会では、幼保の教育と小学校教育を円滑に接続させるには、五領域だけではなく、幼児期の終わりまでに育ってほしい幼児の具体的な姿を示さなければだめだろう、ということになり、報告書のなかにすでに具体的な姿が描かれています。それは今の「10の姿」と違って十二ありました。比べてみましょう。

「健康な心と体」は同じです。「自立心」も同じです。「協同性」も同じですね。ところがかつてこの接続委員会のときは「道徳性の芽生え」と「規範意識の芽生え」が別の姿になっていました。それを現在の「10の姿」は「道徳性・規範意識の芽生え」としてくっつけてあります。それから「いろいろな人とのかかわり」が現在では「社会生活とのかかわり」となっています。「思考力の芽生え」はそのままです。「自然とのかかわり」と「生命尊重・公共心等」がくっついて、現在は「自然との関わり・生命尊重」となっています。「数量・図形・文字等への関心・感覚」「言葉による伝え合い」「豊かな感性と表現」はそのままです。

こういう形で、十二あったものが十にまとめられたのがわかりますね。「10の姿」が初めて出てきたのは、幼児期の教育と小学校教育の円滑な接続のあり方を考えていた文書のなかだったということを、知っておいてください。

実はここに「10の姿」を理解するヒントが出ているんです。おさらいしますと、幼児期の終わりまでに育ってほしい幼児の具体的な姿（「10の姿」）は、そもそも「幼児期の教育と小学校の教育の円滑な接続の在り方委員会」通称「接続委員会」で出された概念だったということです。幼保小の接続を上手にやるために必要なのがこの「10の姿」なのです。

もう一つは、中教審教育課程部会で議論されてきたなかで「二〇三〇年の社会と子供たちの未来を見据えて」という未来像がきっかけになっているということなんですね。この二つの背景をもとに「10の姿」が生まれてきたのです。それぞれもう少し詳しく見ておきましょう。

予測不可能な社会を生きる力を育む

まず中教審教育課程部会のなかでの議論についてです。この部会は、小学校、中学校、高等学校の学習指導要領をどうつくるかを議論するところです。そして幼稚園教育要領は、実は学習指導要領の一つに位置付けられています。

じつは文科省は幼稚園教育要領と言わずに「幼稚園学習指導要領」にしたいと以前からずっと言ってきたんです。だけれども、教育課程部会のなかの幼稚園教育要領を作成する委員会のメンバーたちは、幼稚園学習指導要領ということに対して一貫して拒否してきました。なぜかというと、学習指導とすると、机に座って勉強するようなイメージになりやすいからです。先生が上手に教えて子どもたちがそれを実践していくような、先生中心のイメージにどうしても流される懸念があると。**だから幼稚園は学習指導要領とは言わないで、もっと広い意味での教育、つまり人を育てるためのガイドラインだとして「教育要領」という言葉にこだわっているのです。**

学習指導要領には、何年生で何をどう、何時間ぐらい学ぶのかが書いてあります。時代が変わるとともに学習指導要領の内容も改訂されてきました。高度経済成長期には圧倒的に理科系が大きな比重を占めていたんです。一九七〇年代の小学校のカリキュラムには「次の七進法で書いた数字を五進法の数字に変えなさい」といったことまでやったんです。これからはコンピュータの時代だから十進法以外の表記の仕方を知っておいたほうがいいということですね。でもそれは難しくなりすぎて、後で反省も起こりました。

要するに中教審の教育課程部会では、それぞれの時代の経済、社会、政治などのさまざまな要請を受けて、学校教育で教える中身を議論してきたのです。国語を増やそうとか、算数を削ろうとかいう議論も全部この部会でやってきたのです。

その中教審の教育課程部会で、今の学習指導要領をつくったときに、こういう批判があったのです。「学習指導要領には問題がある」と。どういう問題かと言うと、学習指導、つまり何を学べということが書いてある文書なのに、なぜそれを学ばなければならないかがひと言も書いてないと。つまり、目指すべき人間像、こういう人間を育てたいが故にこういうことをこういうやり方で学んでほしいという文章になっていないじゃないかと。

学習指導要領には、国語は年間何時間やるとか、小学校四年生の社会で扱う単元はこうだとか、異分母の足し算は小学校五年生のこのときにやるとか、そういうことしか書いてないわけです。なぜ異分母の足し算を五年でやるのか、その理由は書いてないわけです。

その内容をなぜその学年に学んでほしいのかを書かずに、とにかくやれと書いてあります。なぜ高校で、ほとんどの生徒がたぶん一生使うことのない三角関数をやらなきゃいけないのか。なるほどという理由があれば、みんなもうちょっとやったかもしれないけれども、それは書かれていない。でも、そんなやり方では、これからの社会がものすごい勢いで変わっていっていく状況においては通用しないのではないか……というわけです。

今、私たちが育てている子どもたちが社会人になるのは二〇四〇年ぐらいでしょう。そのときにどういう社会になってるから、こういう力が必要なんだということが議論されてこなかった。農業社会のなかでこつこつ嫌がらずに働くことが大事だった時代と、さまざまなことをコンピュータが組み込まれた機械がやるAI（人工知能）時代とでは、人間が本当に幸せになるために身に付けなくてはいけない力は、同じではないですよね。

だからそこをもっと議論しなければいけないのに学習指導要領には書かれてない。これはまずいとなったわけですね。

そこで二〇三〇年以降に社会人となるような人を育てることを意識して、学習指導要領を作成する方針としたのです。キーワードは二〇三〇年です。ＳＤＧｓの今の取り組みが終わる年です。それ以降に中学生、高校生はもう社会人になっている。幼児はもう少し先ですけれどね。

では二〇三〇年ごろの社会はどうなっているでしょう。自動車の運転はかなり自動化が進んでいるでしょう。二〇四〇年になると、もう自分で自動車を運転する人はタクシーの運転手ぐらいしかいなくなるかもしれません。食事はピッとボタンを押したら八割ぐらい調理してドローンが運んできてくれる時代になるかもしれません。

他方でそういう時代になっても、環境問題の解決は難しいかもしれない。台風が来れば秒速八十メートルぐらいの風が吹くようになったとか、雨が降ればあちこちで川が氾濫《はんらん》してしまうとか。そういう社会をどういうふうに変えていけばいいのか。どうやったらその被害が少なくてすむのかは正解がないんですよね。歴史のなかに同じような問題があったときには、似た解決法をとれば正解に近づくかもしれませんが、環境問題は複雑で正解などないんです。**だったら、どうしたらいいかということを考え続けるしかない。**

そういう時代の人間としては、幼いころにどんな体験をしてもらったら考え続ける人間になれるのか、解を自分たちでつくろうとする人間になっていくのか、そのためにいったい幼児期にどういうことをしたらいいのかという、そういうふうにさかのぼって学習指導要領や幼稚園教育要領をつくるべきだろうとまとまったのです。それで、**二〇三〇年以降の社会で必要な「資質・能力」を示したのが「10の姿」だということです。**

二〇三〇年以降に必要となる資質・能力

そのうえで、改めて「10の姿」のそれぞれを見ていきましょう。

まず**「健康な心と体」**です。コロナ禍で外で遊んだり活発に動いたりすることが減っているなかで、子どもたちの体の育ちが以前と比べて悪くなってきたというデータが出てきています。保育園でもコロナ感染者が少ない園と、多い園とに分かれました。ウイルスはどこにもあるのに違いが出るということは、やっぱり何かが違うんですね。子どもの免疫力を高めるような保育ができていたかも実は関係してくるかもしれません。

子どもが体を動かし、自分がやりたいことを思い切ってやるといった、免疫力を高めるホルモンであるオキシトシンがいっぱい出るような体験もたぶん大事になってきます。そういう意味で、健康な心とは何か、健康な体とは何かが深刻に問われてきます。自分の健康観をしっかり持つことが二〇三〇年以降はより大事になります。

それから「自立心」。情報が氾濫する社会では、昔に比べて情報入手が簡単に素早くできるようになってきました。だからこれからの子どもの育ちは、以前に比べてある面では速くなる可能性があります。でも、情報のなかには怪しげなものもたくさんあります。自分の力で判断できることを自立心と称するならば、それはこれからの情報化社会でものすごく大事になってくるでしょう。

「協同性」の例でいえば、二〇三〇年に向けて日本はどんどん人口が減り、労働力が足りなくなっています。世界のいろいろな国々から働きに来てもらわなければ、日本の社会が成り立たなくなりますよね。そうなると、宗教も歴史も言葉も文化も違う人たちとどうやったら一緒にやっていけるか、関係をつくっていけるのかを考えなければいけない。一緒に仕事をしている人がイスラム教の人だったら食事はどうするかとか、保育園の食事はムスリムの人たちが食べられるハラルフードに対応できているかどうか、そこまでやらなければいけないのか、というようなことを話し合っていかなければなりません。

そうすると、いろいろな違いはあっても「一緒だね」というところがたくさん見つかるわけです。違うのは当然なんだ、違うのに一緒なんだということを発見しながら関係をつくっていくことを、ここでは「協同性」といいます。これからますます大事になっていくだろうと思います。

このように、**二〇三〇年以降の社会を考えたときに、こういう力がこれから特に大事になってくるだろうということで選ばれたのが「10の姿」なんです。**「どういう人間を育てたいのか」から出発して、「だからこそこういう力を育てよう」となった。

ここで10というのはあくまでも参考のために挙がっているので、絶対に10でやれとは言っていないことにも注意してください。それで、ぜひ皆さんの園でやっていただきたいのは、**二〇三〇年以降を生きる子どもたちの資質・能力をイメージしてほしいのです。**こういうものが大事だよね、とか、うちではもっとアートに力を入れたいよね、とか。そうやって皆さんで保育をつくっていけばいいのです。その際、答えのない不確定な社会を生きる子どもたちだからこそ、こういう力を育てようという原点はしっかり守ってほしい。それこそが「10の姿」の趣旨なのです。

幼児期の力の芽生えを小学校の先生と共有するために

さて、以上を踏まえて「10の姿」のトリセツをまとめていきたいと思います。

まずもって「10の姿」は、幼保こ小の接続の充実のために、特に小学校の先生たちと一緒に子どもを理解し、教育を一緒に構想するときに必要とされて生まれてきたものです。そしてそれはとくに二〇三〇年代以降に社会人となって生きていく子どもたちにとって、こういう資質・能力が身に付いていたほうがいいということで十個に絞ってあります。

幼児期に子どもたちはいっぱい遊んだり、製作をしたり、行事に取り組んだりしています。それは子どもたちの自発的な、主体的な選択による遊びです。そしてそういう遊びを一生懸命やるなかで、子どもたちのなかにいろいろな力が確実に育っていきます。幼稚園・保育園の先生は、そのことを小学校の先生に伝える必要があるのです。そして小学校の先生はそれをもとに、育ってきた資質・能力を生かしたうえで生活科をどうするかを考える。

だからこそ、保育者は子どもたちを、豊かに遊んでいる、楽しく遊んでいる、面白く遊んでいると捉えるだけではだめなんです。**豊かに遊んでいる、楽しく遊んでいる、面白く遊んでいるなかで、どのような資質・能力が育まれているのかを把握しなければなりません。**子どもたちがマンホールの写真を撮って分類しているうちに、さまざまな記号に対する興味や関心が一挙に高まって、文字を知りたいとか、下水の仕組みを知りたいとか、そんなきっかけになればいいな、というようにです。子どもの遊びのなかでの資質・能力の芽生えをしっかりと幼稚園・保育園の先生が認識したうえで、小学校の先生に伝えてわかってもらう。それがうまく伝われば、小学校の先生は「なるほど、そういうふうに見るんですね」と言ってくれるでしょう。

子どもたちの遊びを見るとき、幼稚園・保育園の先生は「あそこで子どもが失敗しちゃったでしょう？　あれが大事なんですよ」ってよく言うんですね。でも小学校の先生は「なぜ、失敗させるんですか？」と思うことが多いんです。幼稚園・保育園の先生は「やはり失敗のなかで子どもがいっぱい学ぶんですよね」と考える。そういう価値観の違いを事例を一緒に解釈しながら埋めていくことが、実はとても大事なんですね。

したがって、ふだんから子どもの活動や遊びを振り返るときに、そこでしっかり育っているかいないか、課題は何かなどを議論する際に「10の姿」を念頭においてほしいっていうことになります。好きなことが見つかっているね、没頭しているときの目がいいよね、人と関わることが好きになってきたね、あれで人間関係がだいぶ発展するんじゃないかな、といった「姿」としてアセスメントしてほしいのです。

繰り返しますが、「10の姿」は到達目標ではありません。そういうふうになってくれるといいね、という子どものイメージ目標として扱ってください。だから「これは10の姿の○○ができた、これは10の姿の▽▽ができた」などという個別のレッテル貼りをやってほしいわけではないんです。それでその子のことがわかるわけではありません。子どもは「10の姿」の合算として生きているのではありません。子どもはいつも全体としてまとまっている一つであり、そのままで大事な人格なんですね。

「10の姿」の一つひとつの言葉にこだわってしまったらだめだということです。あのなかで言われている、子どもの人間として育ちゆくイメージを深く理解したうえで、議論や評価やアセスメントに使っていくんだことを知っておいてください。

次回は引き続きこの「10の姿」について、もっとつっこんでお話ししたいと思います。

10の姿ができた経緯

社会的課題
（1990年代から）
現状の社会に対応できる教育にシフトしないと！
世界
21世紀型学習
（海外の目標例）
・OECDのキーコンピテンシー
・アメリカの「4C教育」
But、今までの日本は…
どうやって教えよう？
ハウツー重視
目標、ねらいが弱かった！
つくられた目標
3つの資質・能力を幼児→大学まで一貫して育てる
一貫!!
ここで幼保・小の問題が浮上
連携の溝！
人間関係だと、協同性とか
5領域って何です？
それならわかる
小
幼保
かくして方向目標の「10の姿」創出

「10の姿」は、「21世紀型の学びの目標」として設定されています。ただ、その要素は5領域内にあったものなので、新しいことを始めるわけではないのですよね。それでも、「方向目標」の意味の捉え方は、たしかに難しいと感じています。

うっかりしていると、「小学校に上がったとき苦労しない、自立心や協同性などを完璧に育てるべき」と解釈される。結果、発達に合わない厳しい指導をされたりしかねず、汐見先生も「そうじゃないよ!!」と説明に力を入れています。

そうならないためには、10の姿は「子どもを評定するのではなく、「おとな」が、その方向目標に沿う【経験】を子どもたちに提供できたか、極力そういう視点での保育の振り返りに使う。小学校の先生にも、ここは理解してもらえたらいいのですが。（おおえだけいこ）

第五講

10の姿②

～これからの時代を上手に生きるためのソフトスキル～

こんばんは。前回から引き続き「10の姿」の意味を理解して、保育でどういうことを大事にしていかければならないかを考えていきたいと思います。

復習になりますが、「10の姿」はどういう理由でつくられたのかというと、二つありました。**一つは幼保小接続の強化という文脈からです。**接続を強めていこうとしても、子どもの振る舞いを理解するにしても、何が育っているのかを評価するときの基本的な考え方や用語が、幼稚園・保育園と小学校とではかなり違っているんですね。そこで幼保小の先生方が共通に理解できるような目標群をつくろうということになりました。

それから、もう一つは、学習指導要領には「何を学ぶか」とか、どの順番で何時間学ぶかは書いてあるけれど、**「なぜそれを学ぶ必要があるか」「二〇三〇年の社会でどんな力が必要なのか」という説明が抜けていますよ、という反省と批判からです。**そこを議論して

7月

目標をつくり直したわけです。この二つの理由で出されたのが「10の姿」なのですね。

ＶＵＣＡの時代に求められる力とは

さて、皆さんの園では、二〇三〇年代、二〇四〇年代に社会に出る子どもたちに、幼児期あるいは乳児期にどういう体験をさせてあげたいと思いますか？　皆さんの園ではそれをどういうふうに議論していますか？

保育が教育であることの基準は、大枠では目標をしっかり持って、その目標がちゃんと達成できているか自己評価する循環ができているかどうか、ということです。それが教育であることの一つの大事なメルクマール（指標）なんです。

ですから「こういう時代だからこそ、こんな力を持ってほしい」という目標はそれなりに鮮明にしなければならないのですが、皆さんの園ではどういうふうに考えていますか？

今日はそれを考えるためにも、今、世界で言われていることを少し紹介します。

まずはＶＵＣＡ（ヴーカ）の時代という言葉を知っておいていただきたいです。Ｖは Volatility（ボラティィリティ）＝変動性、Ｕは Uncertainty（アンサータンティ）＝不確実性、

21世紀怪獣　ヴーカ

Volantility
ボラティリティ
変動性
ITの急激な進化や、グローバル化で価値や社会構造などが変化しやすい。
Uncertainty
アンサータンティ
不確実性
制度や環境などがどうなるかわからない。
Complexity
コンプレクシティ
複雑性
多様化する価値観、関係性が複雑に絡み合っていく。
Ambiguity
アンビギュイティ
曖昧性
常識が通用しない、正解がない世界へ。

CはComplexity（コンプレクシティ）＝複雑性、AはAmbiguity（アンビギュイティ）＝曖昧《あいまい》性を指します。つまり社会のあり方がどんどん変化し、これだけは変わらないという確かなものが見つかりにくく、すべてのものが複雑に絡まり合い、はっきりとしたものがない曖昧で正解のない世界。それがVUCAの時代です。では、そんな世界に出ていく子どもたちの幼いときに、皆さんはどういう体験をさせてあげたいですか？

どのような体験を幼いころにしておけば、VUCAの時代でも上手に生きられるのか、そのことを考えるために世界中でいろいろな調査がおこなわれています。面白い調査結果を二つ紹介します。

一つは二〇一七年の全米大学・雇用者協会の調査です。これによると、企業が新入社員に求める能力としては、チームワーク力、コミュニケーション力、課題解決力、問題分析が重要視されており、自社の商品を理解するとか商品開発力ではないとのことです。

チームワークやコミュニケーション力は「ソフトスキル」と呼ばれます。対して知識や技能は「ハードスキル」と呼ばれます。学校で習得できる知識＝ハードスキルはソフトスキルよりも重要度が低くなっていること、それだけソフトスキルの重要度が上がってきたことがわかりました。

Google社が一九九八年の創業時から現在までの社員の採用・解雇・昇進のデータを分析した調査研究プロジェクトにおいても、最も業績をあげた社員の特徴として、上位七つまでをコミュニケーション力やアイデア力などのソフトスキルが占めていて、理系の専門知識は八位にやっと登場するだけでした。つまりGoogleでいい仕事をして昇進する人は、理科系の仕事をしているのだけれども、理科系の学力だけが高い人ではないということがわかってきたんですね。

もう一つは、一九六二年から一九六七年にかけてアメリカでおこなわれたペリー・プリスクール研究として知られる社会実験です。この研究の対象となったのはアフリカ系アメリカ人の非常に貧しい地域の子どもたちでした。対象となる子どもの半分のグループには、子どもが遊びを自分で選び、一日の楽しかったことを振り返る時間をつくり、大小のグループで遊ぶような保育をおこない、週一回は先生が家庭訪問して親のいろいろな悩みを聞くということをしました。そういう保育を三歳か四歳くらいの一定期間、受けさせたのです。残りの半分のグループには何もしないで普通に生活をさせました。

対象となった子どもたちは今はもう五十歳代になっているんですけれど、追跡調査は続いています。それで彼らが四十歳になったときに比較をしたら、一定期間その保育を受けたグループのほうが給料が高く、自分の家を持っている率も高い傾向にあることがわかりました。さらには生活保護を受ける人や、犯罪を起こした人は逆に少ないこともわかったのです。はっきりと差が出てきたんですね。

その差は一定期間プリスクールに行っただけの違いです。調べると二つのグループに知能指数の差は見られませんでした。ただ、プリスクールで身に付けた力、つまり非認知的スキルや生活能力が影響することがわかってきたということなんです。幼児期の自発的遊びの活動が子どもたちの非認知的能力を育て、それがその人の一生の生き方の創造性、真面目さ、誠実さなどの基礎となることがわかってきたわけです。

理科系の素養とソフトスキル

STEM（ステム）教育、あるいはSTEAM（スティーム）教育についても知っておいていただきたいので説明します。STEM教育とは、Science（科学）、Technology（技術）、Engineering（工学）、Mathematics（数学）の頭文字をとってこう呼ぶのですが、理科系の科目を上手に面白く、しっかり勉強させたら、ネット社会のなかで生きる基礎力になるんじゃないかという発想で生まれた教育法です。しかし、理系の教育を一生懸命やってもGoogleの調査のように、技術の分野の会社で必ずしも優秀になるとは限らないとわかってきたんです。

そこで、Art（芸術）やLiberal Arts（リベラルアーツ、教養）を取り入れたのがSTEAM教育です。科学、技術、工学、数学に、芸術や教養を足した教育方針に修正されました。

実はこういう教育を一生懸命やっていた中心的な存在は、アメリカのマサチューセッツ工科大学（MIT）なんです。まさに理系のトップ大学、日本でいうと東京工業大学みたいなところ。ここの授業の半分ぐらいは文科系なんです。とりわけＭＩＴでは音楽教育を重視していて、音楽教室がたくさんあるんですね。音楽のことが深くわからない人間には科学技術はわからない、という精神で成果を上げています。

芸術や教養といっても、絵を描く、楽器を演奏するといったことだけではないのです。芸術の本質について考えることもアートでありリベラルアーツです。人間は何を美しいと思うのか、美しいとはどういう感情なのだろうか、とか、人間の本当の幸せとは何なんだろう、といったことについて考えた人間が、理系でも優秀になっていくのです。**人間学や哲学と科学技術の教育とが総合されて、ようやく人間として丸くなるんだとわかってきたのです。**「文科系の大学なんていらない」と主張する人がいますが、実際はそれとは逆の結果が出ているんですよね。これをＳＴＥＡＭ教育といいます。

一方で、先ほど紹介したGoogleの研究によると、業績を上げている人の資質・能力の上位には文科系に近い能力がきているわけですね。理系の専門知識は八番目にしかこないとわかった。つまり、科学系の人間を育てるのに理科系の教育だけをすればいいわけではない。こういう知見から生まれてきたのが、**４Ｃの教育**なんですね。これはアメリカのGoogleやアマゾンなどの大きな企業が参加している、二十一世紀の知性を考えるＮＰＯ

4Cの教育で、怪獣ヴーカに立ち向かえ！

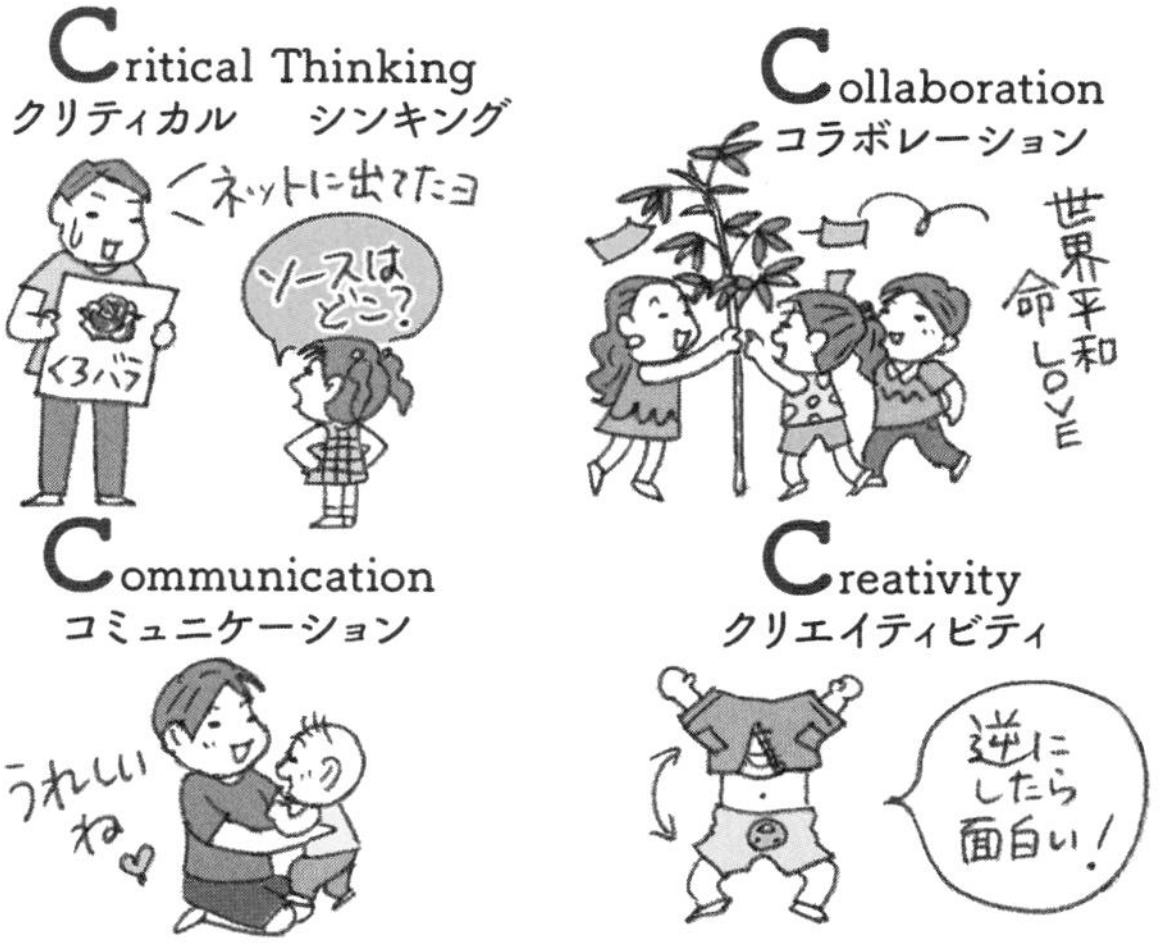
Critical Thinking
クリティカル　シンキング
ネットに出てたヨ
ソースはどこ？
くろバラ
Collaboration
コラボレーション
世界平和
命
LOVE
Communication
コミュニケーション
うれしいね
Creativity
クリエイティビティ
逆にしたら面白い！

法人が提案している考え方です。

わかりやすく言うと、ＳＴＥＭのハードスキル教育ももちろん大事だが、対人関係能力や組織をコントロールする力、ソフトスキルに長けている人が実はいい仕事をしている。だから理科系の教育と合わせてソフトスキルをしっかり育てなきゃいけないと考えたのです。それを整理すると、Critical Thinking（クリティカルシンキング＝批判的思考力）、Collaboration（コラボレーション＝協働性）、Creativity（クリエイティビティ＝創造力）、Communication（コミュニケーション）の四つのＣだ、となった。

ＳＴＥＭ教育、ＳＴＥＡＭ教育だけでは優秀な人間を育てることにつながりきらない。

そこで、この四つのスキルをしっかりと教育しなければならない、という考えがこれまでの到達点なのです。

「なぜ」を問い続ける批判的思考力

いわゆるクリティカルシンキングは「批判的な思考」と言いますけれども、何でも批判するという意味ではありません。**どうしてそういうことが言えるか、なぜそうなるのか、という「なぜ」を問い続ける力がクリティカルシンキングです。**

たとえば今、ウクライナの危機を理解するのに「なぜ、世界中から批判されるとわかっているのにプーチン大統領はウクライナを攻めることを選択したんだろう」「侵略戦争であるにもかかわらずどうして大統領の支持率は上がっているのだろう」とか、そうしたことを問い続けること、そして納得するまで安易にいろんな意見を信じないこと、そういう思考方法をクリティカルシンキングと言います。

日本の保育・教育でも、思考力・判断力の基礎を育てることは育てるべき資質・能力の二番目に出てきます。ただし、それは「考えなさい」と子どもに言うことではないんです。

「どうしてなんだろう、なぜなんだろう」っていうのを常に考え続ける姿勢。「それって本当かな?」と常に根拠や理由を問う思考を大事にする姿勢です。考え続けた結果、人間のわかることはちょっとしかないなという結論になるかもしれません。でも、それが大事なんです。

協働性、想像力、コミュニケーション力

とくに四つのCの二番目のコラボレーション=「協働性」は、これからとても大事になってくるだろうと言われています。なぜでしょう。

今、日本は深刻な少子高齢化社会に向かっていっています。若い世代が子どもを産まなくなってきたと同時に、年を取った人が増えてきた。そして社会の中心になって働いてくれて、年金や医療費を蓄えてくれる世代がどんどん少なくなってきました。

そうすると外国からいろいろな人に来てもらって、日本の産業を担ってもらわないといけません。今は技能実習生という形で来日させて、低賃金で働かせる悪質な人たちがいることが社会問題化していますけれども、これからは日本の社会を支えてくれる人と理解し

ていかなければなりません。今でもブラジルやベトナム、中国などからたくさん人が来ています。おそらくこれからはもっとたくさんの人たちが外国からやってきます。

でも、そうなればなるほど、言葉や考え方、文化、宗教などさまざまな背景を持った人たちが日本で一緒に暮らすことになりますよね。たとえば幼稚園や保育園でも「うちの園では今、十二カ国の子どもが来ている」なんていうことが当たり前になっていきます。そうするといろいろな人の意見を一致させるのが難しくなりますね。たとえば、アメリカでもイタリア系の人が多いからとか、ロシア系が多いからとかあって、地域によって学校への要求も違ってくるのです。そういう違いがこれから日本に住んでいる人のなかに出てきます。

でも、親しくつきあっていくうちに、人間はみんな同じなんだとか、同じことに喜んだり、悲しんだり、怒ったりするよね、ということ、その人たちの論理があるんだ、ということがわかってきます。**異なる思想や言語、歴史を持った人たちが一緒にやっていける、そういう力を上手にその社会につくっていかなければなりません。**グローバリズムが進行する二十一世紀に、「考え方が違う人たちは、ちょっとウチでは無理ですね」などとやってしまったら、日本は世界で孤立していきます。この一緒にやっていくことは、子どもは本当に上手ですよね。

三番目のクリエイティビティ＝「創造力」は正解がない世界で適切な解を創造していく力と言ったらわかりやすいでしょうか。

そして**四番目のコミュニケーション**。これは伝達し合う力のことではありません、「コミューン」っていう単語に「ケーション（〜にする）」という単語がくっついて「コミューンにする」という意味なんです。コミューンというのは、人々が心の深いところで交わり合うということです。「ねえねえ、わかってくれる？　うれしいな！」って感じるときは、心が交わっていますよね。

そういう状態を社会のなかにいっぱいつくって、人々が心の深いところで理解し合える**社会にしていかなければならない、そのための力を育てようと言っているわけです。**これは二番目のコラボレーション＝「協働性」とも関連するソフトスキルですよね。

保育のなかでソフトスキルをどう育てるか

これからの社会を考えると、理系の教育は当然大事ですが、それ以上に大事なのはソフ

トスキルの教育だということになります。それを受けたとき、私たちはどういう保育を考えていかなければならないでしょうか。これが今日一番考えていただきたいテーマなんですね。

「四つのC」では、コミュニケーションやコラボレーションが重視されていました。皆さんにも、子どもたちのコミュニケーション能力やコラボレーション力を育てていくことを目標にしてほしいわけです。

でも、コミュニケーション力とかコラボレーション力というのは、きれいに分けなくてもいいかなと思うこともありますよね。たとえば〇・一・二歳のときにはアタッチメントが大事だと最近言われています。いろいろな経験を始めたばかりで、他者に対する不信感がとても強くなる時期です。

心を本当に許せる、自分を無条件で愛してくれる存在を子どもたちは求めます。「この人といたら自分は安心だ」「何かあったら必ず助けてくれる」という人を見つけて、その人との関係性を内面化していく。それをアタッチメントと言っています。「**心の安心基地をつくること**」ですね。他者への深く絶対的な信頼性のことを指しています。それがあってはじめていろいろな人と心置きなくつきあえるようになるのです。**アタッチメントを保**

育のなかでていねいに培っていくことは、コミュニケーション力やコラボレーション力を育てるうえで最も大事なことと言えます。

それから子どもに「言う保育」はできるだけ減らしたいです。そうではなく子どもの意見を「聞き続ける保育」をして、子どもと心がもっと深く通じ合う関係を園につくりたいですよね。「〜してほしいんだけど、先生どう?」という子どもの意見を聞き、それに対して保育者が「なるほどな」と思って「じゃあ、こうしようか」というような形で返す。聞いてあげる。「子どもにていねいに聞きながら進める保育」「相談する保育」と呼びましょうか。

コラボレーションの面からは協同的な遊びも大事になってきますね。子ども同士を自然な形でつなげることです。とくに三歳以上になるとごっこ遊びなどでみんなで遊ぶことが面白くなってきます。ここをていねいに保障していく。

アトリエなどで、共同で何かをつくるのも大事にしてください。「10の姿」で言うと「自立心」と「協同性」がつながってくる可能性があります。

自立心がなぜコラボレーションやコミュニケーションにつながるかというと、これは東京大学先端科学技術研究センターの熊谷晋一郎さんたちの説が大事なヒントになるでしょう。熊谷さんは脳性まひの障がいを持っておられる方です。車いすを使っている熊谷さんは東日本大震災のときに、他の人なら階段を駆け下りていくところを、建物の三階から下りられずとても怖かったと言っています。そこから彼は「自立」ということを「上手に依存する力」だと定義しています。自立、自立と言うけれども、それは自分一人ですることではなく、互いに支え合うことだと。そのような意味の自立が社会の構成原理になっていけば、「10の姿」の「自立心」も見えやすくなってきますよね。

「障がいがない人は依存してないのでは」と思うかもしれませんが、これは根本的に間違っています。私たちはすべて依存し合って生きているのです。自分が着ている服や、今日食べた食物も、誰かがつくってくれたものなんです。お金で買うという形を取っているけれども、私たちの生活は実にいろいろなものから支えてもらっているのです。もし、売ってくれる人が「売らない」と言ったり、「売るものはないです」と言われたりしたら、そのとたんに私たちは生きていけなくなります。

上手に依存し合うということは、自立して自分で生きていくことの最大の保障になるのです。そのように考えると「自立心」が「協同性」につながることがわかると思います。自立心と協同性は対立させないことが大事かもしれませんね。

合意をうまくつくる力

討論を上手にして、うまく合意をつくる力も、これから大事になります。そのためには**乳児期にはひたすら聞いてあげることが大事になってきます。**おむつを替えるときにも、おむつを片手に持って「おむつを替えていいかな？」と赤ちゃんに聞いて、赤ちゃんが「いい」ってサインを送ってくれたら「ありがとうね」と言って替えてあげてほしい。窓を開けるときにも「暑いから窓を開けたいんだけど、いいかな？」と、ちょっとたずねて、それから開けてほしいんです。

そういうことを繰り返していくとどうなるでしょうか。小さな子どもも「◯◯だから、こうなった」「△△だから、こういうことしたいんだ」などと、因果関係がだんだんわかってくるんです。

こういう保育をやっていたある園の先生が「そこまでていねいにやる必要があるのかなと思っていたら、三歳になったらびっくりした」と話してくれました。みんな自分の意見をどんどん言う子どもたちになっていったんです。三歳までに聞いてもらっていたことがモデルになって、自分たちも「〜していい？」「〜はどう？」などと確かめだしたというんですね。これは討論を上手にする力の基礎力になるんです。人と深く関わるコミュニケーション力を育てるには、討論する場面が出てくるわけですが、そのときに自分の意見を言えないといけないんですけれど、これは実は難しいことです。その基礎力をつくることもこれからの保育といえるでしょう。

この討論を上手にして合意をうまくつくる力は、別の言い方をすると「市民道徳」といえるわけです。「10の姿」に「道徳性・規範意識の芽生え」があります。正直さや誠実さといった、どの時代にも通用する道徳性に加えて、何かあったときに権力に安易に依拠せず、自分たちで討論して合意したその中身をしっかりと守っていく、そういう市民性「シティズンシップ」を身に付けていくことが大事になっていきます。

だから市民社会での道徳性というのは、ひたすらていねいに聞き、そして自分の意見を言い、相手の意見を聞き、合意を一生懸命つくっていく。自分の土俵のなかに相手を連れてくることではなく、相手の土俵に自分が行ってしまうことでもない。**討論とは、相手と私の間にお互いが納得できる土俵をつくることなんです。そういう力のことを私は市民道徳といっているんです。**

「10の姿」の「道徳性・規範意識の芽生え」をそのように読めば、これはとても大事なことになっていくと思っています。

科学する心を育む四つの資質

ではSTEM教育は日本ではどうなのか、ということですが、実は「10の姿」の最後の四つは、みなSTEM教育に関係しているんです。

まず「自然との関わり・生命尊重」については、子どもたちが自然と関わっていくこと、これはいっぱい体験させてほしいです。と同時に、その自然を説明することもやってほしいのです。「今日、こんなところに行ったら、ものすごく雨が降ってきたんだけれども、なんで雨ってこんなふうな雲が出てきたら降るのかな?」というようなことがだんだんわかってくる。これはまさにSTEM教育ですね。

それと、幼い子どもたちに、人の生命が生まれてくるメカニズムの不思議さをたくさん見せ、考えさせてほしいと思います。今はいい映像もありますし。また自然が支え合って生きていること、自分たちも多様な生きものに生かされていることなども、ぜひ伝えて考えさせてほしい。「共生」ということが体でわかる子を育ててほしいということです。

そして**「量・図形、文字への関心・感覚」**は、この「10の姿」が非認知的なスキルを育てるためだけにつくられたのではない、ということを強調するために、認知的なスキルのいくつかをわざわざ入れています。もちろん量や図形、文字をそのまま教えるのは幼児教育の目標ではないですが、「数の世界が形づくっているものに対して関心が出てきたよね」とか「数えるっていうことをものすごく面白がっているよね」という姿が見られたら、これもSTEM教育ですよね。

「言葉による伝え合い」も、自分の体験したことを言葉で伝えるのは思考力そのものでもありますよね。これも広い意味でSTEM教育に入ってくる。最後の**「豊かな感性と表現」**もつながってきます。

ということで、この「10の姿」の最後の四つはみなSTEM教育、またはSTEAM教育に関係しているのです。「豊かな感性と表現」などはSTEAM教育のアートやリベラルアーツの教育ですよね。それを理科系の教育につなげていくようになっています。

今までの保育では、子どもたちの理科系的な能力を育てることに対して、熱心な園とそうではない園とで差がありました。**調べてみたり、集めてみたり、分類してみたり、体験**

してみたりして「科学する心」を育てていくような教育が、ぜんぶSTEM教育（STEAM教育）と最後の四つの姿につながっていきます。

まとめます。STEM教育が大事になってきて、でも調べてみたらソフトスキルが大切だったということがわかってきて4Cが考え出された。そういうふうに世界は動いてきているんですね。では、それに照らして、あなたの園の園目標をどう考えればいいでしょうか。

「10の姿」は二〇三〇年代以降の時代を生きる子どもたちだからこそ身に付けてほしい力や内容を、子どもがそれを身に付けているイメージの言葉で示した側面が大きいと言いました。でもあくまでも、その参考として十個を提示しただけのものなのです。だから「10の姿」でやるというのでもいいのですが、そうではなくて「うちの園ではここを少し強調しよう」とか「二つ目と三つ目はくっつけてしまおう」とか、そういうことがあってもいいと思うのです。皆さんの園ごとに「〇〇の姿」のような内容を議論してつくってほしいのです。それが「10の姿」を受け止める、私たちのスタンスだと思っています。

10の姿と4Cの対応は？

4つのC	【10の姿】
❶クリティカルシンキング（批判的思考力）	
❷コラボレーション（協働性）	
❸クリエイティビティ（創造力）	
❹コミュニケーション（意思疎通）	

10の姿はそれぞれ
4Cのどれと対応するかな。
空欄に入れてみて。

【10の姿】
1 健康な心と体
2 自立心
3 協同性
4 道徳性・規範意識の芽生え
5 社会生活との関わり
6 思考力の芽生え
7 自然との関わり・生命尊重
8 数量や図形、標識や文字などへの関心・感覚
9 言葉による伝え合い
10 豊かな感性と表現

本講では「4つのC」について学びました。でも言葉を覚えても、実践に結び付いていなかったらもったいない。そこで、この「4つのC」を10の姿に照らし合わせて、10の姿のどれを意識すればそれぞれのCの育ちを応援していることになるのか。それを確認しようとしているのが上の表です。

一応、最低限で考えてみると、❶クリティカルシンキング＝6 ❷コラボレーション＝3 ❸クリエイティビティ＝10 ❹コミュニケーション＝9 でしょうか。

思考力、生命尊重や豊かな感性は、❶〜❹全部に関係するかもしれません。10の姿を意識していれば4Cもフルカバーできそうです。

4Cの思考力には「なぜを問う批判性を伴う」などの考え方は、大人がまず積極的に生かしていきたいと思います。（おおえだけいこ）

第六講

幼保小連携

～子どもたちの学びを いかにつないでいくか～

8月

さあ今回のテーマは、これからとっても大事になってくる**幼稚園、保育園、こども園と小学校との連携接続の問題**を集中して扱おうと思っています。

なぜ幼保小連携ということを国がかなりしつこく言ってきているのか。その背景を知ると、これがかなり大きな問題なんだということがわかると思うんですね。

第四講の「10の姿」のところでも触れましたが、**幼児教育と小学校教育の「架け橋プログラム」っていうのが、今、国で議論されています。**まずこれについて改めて知っていただいたうえで、架け橋プログラム時代の保育と幼児教育について考えたいと思います。

架け橋プログラムと義務教育の早期化論

架け橋プログラムという言葉は、二〇二一年の五月に、当時の萩生田光一《はぎうだこういち》文部科学大臣が出した「骨太の方針」（各省庁が毎年出す取り組みの予算提案書のようなもの）のなかに出てきます。萩生田大臣が記者会見で話した趣旨を私なりにまとめると、次のようになります。

一つは、世界的に教育の開始年齢が早期化している。できれば我が国もそれを追いたい。しかし、現在おこなわれている幼稚園や保育所の保育教育内容の実際がバラバラなので、そこにまずテコ入れをする。具体的には言葉の力、情報を活用する力、探究心といった生活学習基盤をすべての五歳児に保障するよう「架け橋プログラム」を開発したい。

二つ目は子育て支援を充実させて、幼児教育の推進体制を強化する。これまで以上に幼児教育にもっと力を入れるというわけですね。そして三番目にそれを担う保育人材の確保とその資質能力の向上を図る、というわけです。

つまり、教育の開始年齢を早めるという文脈のなかで、これまで以上に保育・幼児教育を充実させたいというわけです。今の学校教育は六歳からなので、それを早めたいというようなニュアンスだったんです。この方針を具体化するために、同年六月には中央教育審議会の初等中等教育分科会に「幼児教育と小学校教育の架け橋特別委員会」が設置されて

幼保小接続のバックグラウンド
～架け橋プログラムまで～

1960～70年代
大学が中心の学生運動
政治や大学運営に対する反抗

1971年
義務教育の早期化提案
いわゆる四六答申の中で

接続の目的1
海外に遅れたくない

1973年
オイルショック
経済危機で義務化議論の余地がなくなる

1970年代前半
高校紛争

1970年代末～
「登校拒否」急増
80年代後半に「不登校」と呼ばれるように

保幼小接続のバックグラウンド
本来の目的は子どものウェルビーイング（幸せ）のためのはず

1970年代末～80年代頭
中学・高校での校内暴力

議論が進められました。そして今年（二〇二二年）の三月に中間報告が出て、全国で何カ所かで架け橋プログラムを開発するためのモデル事業が始まりました。

　この骨太の方針を受けて新聞各社は「義務教育の早期化ではないか」と報じました。見方によっては「とにかく義務教育を五歳から始めたい」と受け取られるような内容でもあったわけです。

　ただ、**義務教育を早めに始めたいと国が打ち出したのは実は今回が初めてではありません。**五十年以上前になりますけれども、一九七一年の中教審答申、昭和四十六年でしたから「四六答申」と言っていますけれども、そのなかでも言われていたことだったんです。

低年齢化してきた反抗

接続の目的2
子ども達の無自覚な犯行を終わらせたい

1980～2010年 **ゆとり教育**

1980年代後半 **中学・高校での「荒れ」**
教師の指示を無視、授業を〝ふける〟

1990年代後半 **小学校で顕著に表れた学級崩壊**
教師の指示を無視、立ち歩きや私語・奇声、物を投げる、抜け出しなど
小学校低学年の学級崩壊——「小一プロブレム」と呼ばれる

2011～13年 **脱ゆとり教育**

2011年 **スタートカリキュラム導入提案**
（小学校へ。一部教師用指導書にて）

2022年 **架け橋プログラム導入要請**
（幼保小へ。5歳児の義務教育化への布石？）
なお、2022年度の小・中・高の暴力発生件数は過去最多で、とくに小学校での件数が右肩上がりになっている。（文科省調査）

この四六答申は、日本の学校教育全体をレベルアップするために「第三の教育改革」をうたったことから、中教審答申のなかでもかなり大事な位置づけとされています。

第一の教育改革は明治期に学校を作ったこと、第二が戦後の教育改革です。教育が国民の権利になり、教育を通じて民主主義や平和主義を国民のものにしていこうとする改革ですね。四六答申は、それに次ぐ第三の教育改革をやろう、というぐらいに大きく位置づけられた答申でした。そのなかにこんな文言があるんです。

「4、5歳児から小学校の低学年の児童までを同じ教育機関で一貫した教育を行うこ

とによって、幼年期の教育効果を高める」（今後における学校教育の総合的な拡充整備のための基本的施策について（答申）（第二十二回答申（昭和四十六年六月十一日））

三歳ではまだ乳児期のニュアンスを残しているから、本格的な幼児期は四、五歳からだろうと。そこから小学校の低学年の、今の六、七歳あたりまでを一つのくくりにしたらどうか、というわけですね。その間を同じ教育機関で教育してはどうだろうか、と。つまり、三歳までは幼児教育機関、そして四、五歳から七歳までが基礎小学校、八歳から十二歳までが中等小学校のような形で、それまでの六・三・三制そのものを検討しなおそうというような提案があったわけです。

この答申は当時、物議を醸しました。なぜかというと、その背景にあった問題意識に通産省（現・経産省）の意向が色濃く反映されていたからなんです。日本は一九七〇年代に造船や鉄鋼が伸び、世界で最も生産力の高い国の一つになりました。GDPでも世界でアメリカに次いで第二位なり、産業国家として成功してきました。

けれども、それが長く続くようにするには、資源のない日本は人材で勝負するしかありません。優れた人材をたくさん輩出して、その力で常に世界をリードするような産業社会をつくっていきたい。そのためには、教育を他国よりも早めに始める必要がある――。そんな議論が当時はされていたんです。

このニュアンスだと、幼稚園や保育園がまるで小学校の教育の「下請け機関」みたいになっていくんじゃないかと、恐れを感じる人もたくさん出てきて、かなり批判的な意見も出された、という経緯があります。

しかし、その議論は一九七三年に日本経済を大きく揺るがす「オイルショック」が起こったため鎮静化しました。もう重化学工業の時代じゃない、明治期からつくり上げてきた産業国家の構造を転換しなきゃいけない、そうしないと企業は二十一世紀まで生き残れない。社会全体の大問題の前に教育の話は立ち消えになったような感じがあったんです。

ただ、初等教育の開始を早める発想や、「資源のない日本は人材で勝負」という問題意識は、その後も経産省を中心として産業界から教育を考えている人たちにとっては今でも強くあるテーマとなっています。

ヨーロッパの動きで議論が再燃

さて、時代を現代に戻します。二〇〇三年に初めて中教審で「幼児教育部会」が開かれました。中教審というのは、文科省が持つ審議会のなかで教育政策を議論する一番大事な審議会です。ただそのなかの幼児教育部会は、制度上はあったんですけれども、実際に開かれることはあまりなかったんですね。

なぜかというと、文科省が関わっている幼児教育は幼稚園だけだからです。そして幼稚園に通っている子どもは幼児全体の半分ぐらいで、あとの半分は保育所に行っていました。しかも幼稚園と保育園に行ってる子どもを合わせても一〇〇パーセントにはなりません。義務教育ではありませんからね。だからそんな幼児教育のことを国が責任を持って活発に議論することは、それまであまりしてこなかったんです。

ところが二〇〇〇年前後からヨーロッパの国々で、それまでとまったく違う動きが始まったんです。その動きを知った中教審の関連の議員さんが「どうなってるか調べてきてほしい」と、文科省の役人を派遣して調べてみると、思っていた以上に驚くようなことになっていたわけですね。一九九〇年代末からヨーロッパの多くの国が、自国の教育政策の重点を、保育・幼児教育へ積極的に移し始めていたんです。力を入れなければいけないのは、大学や小中学校、社会教育ではなく、実は保育・幼児教育なんだと。だからそこにお金を出すべきだ、という政策に切り替えていっていたんです。

それで三歳からの保育を無償化するとか、保育・幼児教育予算をGDP比一パーセント以上にする、幼児教育従事者の給与を小学校教諭と同じにする、男性保育者を二割以上にするなどの目標をつくり、経済開発協力機構（OECD）がリードしながらEU各国が具体化し始めたんです。

後れを取った日本は、二十一世紀に入ってからようやくこの流れを追い始めたわけです。**それで二〇〇三年に中教審で「幼児教育部会」が開かれることになりました。**

そこで文科大臣から諮問されたことの一つに「学校教育の始まりとしての幼児教育の在り方について」がありました。私は「これはどういう意味なんですか」と、部会の座長を務めていた現・渋谷教育学園理事長の田村哲夫さんに聞いてみたんです。すると田村さんは「これは、小学校の五歳児入学はどうかっていうことなんだ」というようなことを言っていました。ですから、「四六答申」が出てからほぼ三十年たってもう一度、あらためて幼児教育を義務教育に組み込んでいくことの是非が議論されたわけです。

学級崩壊対策から始まった「幼小連携」

そしてちょうど同じころ、幼稚園と小学校の連携、幼小連携というのも盛んになってきました。後に保育園やこども園も加わってきますが、当初は幼稚園と小学校の連携として文科省が取り組みはじめたんです。二〇〇〇年あたりのことです。東京都の中央区立有馬幼稚園と中央区立有馬小学校とで最初のモデル事業が始まりました。私も何回か行きましたけれども、ここは小学校の敷地内に幼稚園があるところです。隣同士の公立の幼稚園と公立の小学校をつなげていこうというわけですね。

実はその少し前、一九九〇年代の後半に全国の小学校の低学年で、先生の指示や言うことに全然従わないで、授業中立ち歩いたり、遊んだりするような現象が見られはじめました。また、その少し前には幼稚園の五歳児が園で暴れまくるということが、あちこちで起こっていました。その子どもたちが小学校に上がったから学級が崩壊状態になっている。これを新聞は「学級崩壊」という言い方をしました。

そのとき、私は日本教育学会の常任理事を務めていました。学会でこの問題を調査して対応策を探る委員会をつくり、その責任者として幼児教育関係者や小学校低学年の先生方の聞き取りをおこないました。そのときの主な世論は、幼児教育が五領域に変わり、子ども主体だとか言って、幼稚園の先生が子どもを好き勝手にさせて、ちゃんと座らせるような指導をしなくなったから学級崩壊するんだ、というものでした。小学校の先生方の多くはそういうふうに考えていたのです。

その一方で幼稚園側からは、「いや、本当にそうなのか、子どもたちが求めている教育が小学校でうまくできてないんじゃないか」という意見も出ました。実はそんなふうに幼稚園が悪い、小学校の先生が悪い、と責任のなすり合いをするのではなく、一緒になってこの方策を考えていこうというのが幼小連携が始まった一つの理由でした。

それからもう一つの理由は、幼稚園から大学までの教育をスムーズにつなぐことでした。日本の学校教育法では、幼稚園も学校に含まれますので、幼稚園から小学校への接続がスムーズにいくことは大きな課題だったのです。しかも昔と違って幼稚園や保育園に行く子どもは全体の九割以上になります。

幼稚園や保育園でやっていることと小学校でやっていることとの間に大きな差があった

ら、無駄が多くなってしまう。だったら両者をつなぐカリキュラムを開発することが大事ではないか。これが幼小連携が始まったもう一つの理由です。

幼小連携はモデル園・校で実践を重ねて事例集を作成する目標があったので、最初は公立で小学校と幼稚園が併設されているところが選ばれました。だから当時、一部の熱心なところを除いて、私立幼稚園はあまりモデル園としては選ばれなかったんですね。それは教育委員会には私立の幼稚園を管轄する権限がないためです。ですから、一般的な私立の幼稚園はこの幼保小あるいは幼小連携にはあまり熱心に取り組んできませんでした。

幼小接続会議で議論されたこと

そこからほぼ十年ぐらいたって、文科省のなかに「幼児期の教育と小学校教育の円滑な接続の在り方に関する調査研究協力者会議」——私たちは「幼小接続会議」って言っていますけれども——がつくられて議論が始まりました。会議は二〇一〇年に報告をまとめます。大切なので一部を引用しながら解説します。

幼稚園教育要領や保育所保育指針では、小学校学習指導要領と異なり、（略）いわばその後の教育の方向付けを重視した目標で構成されている。これは、先に述べたように、発達の段階に配慮した違いである。（「幼児期の教育と小学校教育の円滑な接続の在り方について（報告）」平成二十二（二〇一〇）年十一月十一日）

この方向付けを重視した目標（方向目標）について解説すると、たとえば、九九が暗唱できるとか繰り上がりの計算ができるとか、決まった範囲の漢字が読めて書けるとか、身に付いているかどうかがはっきりとわかる目標を到達目標と言います。小学校はこれです。幼稚園でこのような到達目標を設定してしまうと――たとえば「跳び箱が三段跳べる」みたいなことを目標にすると――その子の意思や気持ちとは関係なく、とにかくそこまで持っていこうとか、全員に一律に同じことをさせようとする指導に寄っていってしまう。幼児期で自分のやりたいことを一生懸命探しているときに跳び箱を強制させられたら、結局、体育が嫌いな子になってしまう。

実際にそのような実践がありその経験を反省して五領域という考え方は生まれてきました。「こんな態度を身に付ける」とか「こういう意欲を育てる」というような気持ちや感情を育てようという方向に切り替えたんです。これが方向目標です。だから幼児教育と小学校は違う原理で目標がつくられ、評価がおこなわれていると述べています。

しかし、このような違いがあることから、児童期については小学校学習指導要領において育つべき具体的な姿が示されているのに対し、幼児期については幼稚園教育要領や保育所保育指針からは具体的な姿が見えにくいという指摘がある。（出典同）

五領域のなかには六十項目ぐらいの目標があるけれど、それぞれ方向目標で書いてあるから実際に身に付いているかどうかの姿が描きにくい、と言っています。続けます。

幼児期の教育において、学年ごとに到達すべき目標を一律に設定することは適切とはいえないが、各幼稚園、保育所、認定こども園においては、幼児の発達や学びの個人差に留意しつつ、幼児期の終わりまでに育ってほしい幼児の姿を具体的にイメージして、日々の教育を行っていく必要がある。また、各小学校においては、各幼稚園、保育所、認定こども園と情報を共有し、幼児期の終わりの姿を理解した上で、幼小接続の具体の取組

を進めていくことが求められる。（出典同）

何が書かれているかというと、「小学校は到達目標」で「幼稚園保育園は方向目標」とくっきり分けてしまうと、子どもたちの何が育ってきたのかが小学校の低学年の先生のほうで具体的にイメージしづらい。そこで、小学校の先生と、幼稚園・保育園・認定こども園の年長クラスの先生が、ある実践を検討したときに「こういう力がだいぶ育っているんですよね」という共通言語のようなものをつくらないといけないだろう、ということになりました。

それは方向目標ではあるけれども、育ちの姿がある程度見える形でイメージできる、そんな目標群を新たにつくろうということになったわけですね。そうすれば、幼稚園、保育園、認定こども園と小学校の先生とが一緒になって、接続部分のカリキュラムをつくれるだろうし、そのためにはぜひ必要だと打ち出されたわけです。こうして生まれてきたのが「幼児期の終わりまでに育ってほしい姿」そう、前回やった「10の姿」なのです。

繰り返しになりますが、到達目標とは、大人が期待している能力などが、身に付いたかどうか、その姿がすぐわかるような目標を言います。そして、方向目標は期待していることが身に付いているかどうか、子どもの姿として明確に描きにくいけれども、大まかな方向がはっきりしている目標のことを言います。小学校の先生は常に到達目標でやっていますから、幼児教育の方向目標はわかりづらい。そこで、方向目標なんだけれども身に付いてる姿がもう少し描きやすいイメージ目標のようなものとして「10の姿」がつくられた。

これで、幼保小接続・連携が実現する形は整ったのですけれども、残念ながら期待するほどは進みませんでした。そればかりか、実際におこなわれている幼保小接続の中身は、国が期待したものとはかなり違ってきてしまったんです。

その一方で、その後につくられた幼稚園教育要領と保育所保育指針、認定こども園教育・保育要領に「10の姿」が書き込まれたため、幼保小連携とは別の意図で、これからの実践は「10の姿」で評価すべき、という解釈が生まれてしまいました。そして本来、幼保小連携に生かすために出てきた「10の姿」が、連携を抜きにした実践のなかで個別に取り組まれてしまうという、かなり課題含みの現状ができ上がってしまったんです。

架け橋委員会が指摘した幼保小接続の課題

では幼保小の接続で何が問題とされたのでしょうか。「幼児教育と小学校教育の架け橋特別委員会」が二〇二二年三月に出した中間まとめの報告書から確認してみましょう。

①幼稚園・保育所・認定こども園の7割から9割が小学校との連携に課題意識を感じている。

各園・小学校における連携の必要性に関する意識に大きな差があると指摘しています。小学校で校長先生が熱心だと連携が進むけれど、次の校長先生に替わった途端にあまり熱心でなくなってしまうことがあります。また、一つの自治体のなかでも熱心な幼保小があると思えば、まったく連携をしていないようなところもあって意識差が大きいですよね。

②半数以上の園が行事の交流等にとどまり、資質・能力をつなぐカリキュラムの編成・実施が行われていない。

幼保小の連携で求められているのは、幼稚園や保育園の先生と、小学校低学年の先生が

学校と園の基本的カリキュラムの違い

学校：系統的
園：「経験」ベース
平仮名が書ける
↓
文章が書ける
↓
……
生活に直結した興味から始まり、成し遂げること
この違いの理解と接続。
おもに学校が園に近づく。
字も書けないのに手紙？？
生活と切り離して役に立つの？？
「あ～」
こくご
一ねん
en
おてがみください

一緒にカリキュラムをつくることなんです。でも、そこに届いていないと言っています。

ついでに言っておきますと、小学校で使われているカリキュラムの意味は、「これができるためには、これができなきゃいけない」と上からどんどん下りてきてつくられる「系統カリキュラム」を指しています。でも、カリキュラムの意味はそれだけじゃないんですね。新教育運動のリーダーであったアメリカの教育者ジョン・デューイは、カリキュラムのもともとの意味に即した考え方を提起しました。

英語でCurriculum Vitae（カリキュラム・ビタエ）というと、経歴や職歴をつづった「履歴書」のことを言います。語源となったラテン語の「カリキュラ」は、馬車が通る道のことで、それを人間に当てはめて、その人がどういう経歴を歩んできたかということをカリキュラムと言うようになりました。

それで**デューイは、カリキュラムとは経験のことだと考えました**。この子はこの間までサッカーに夢中だったけれど、今は粘土づくりに興味が移ったとか、子どもたちが今どういうことをやりながら自分の命の物語をつくっていこうとしてるのかといったことを見て、それを発展させてあげようとするのが、カリキュラムをつくる、ということなんだと。そういう考え方もあるわけです。

だから、ここでカリキュラムの編成というのは、**一人ひとりの子どもが、どういう経験をして、それをどう発展させるかを考えること**なのです。それを幼保小で一緒にできていないと言っています。

③「幼児期の終わりまでに育ってほしい姿」が到達目標と誤解され、連携の手掛かりとして十分機能してない。

「10の姿」は「ここまでできなければいけない」という到達目標ではなくて、元々は方向目標だったものを具体的な姿にしたイメージ目標としてつくられたわけですね。でもこれを到達目標としてしまうとものすごく堅苦しい保育になってしまう。その一番大事なところが誤解されていると指摘しています。

④スタートカリキュラムとアプローチカリキュラムがバラバラに策定され、理念が共通していない。

小学校の初めに行うカリキュラムを「スタートカリキュラム」といいます。幼稚園、保育園、こども園の先生と、小学校の先生とが、「今、子どもたちは何に凝っていて、どんな力が身に付いてるか」ということをしょっちゅう一緒に議論して、小学校の先生はそれを受けて、幼児期でやってきたことを小学校でも続けていくようなスタートカリキュラムにしないと意味がないのですが、全然一緒にやっていないから理念が共有されていないと言っています。

さて、この架け橋特別委員会は、各園・学校が、地域の創意工夫を生かした幼保小の架け橋プログラムを一緒に開発することを提案しています。五歳児と小学校一年生の六歳児の二つの学年を「架け橋期」とくくって、10の姿の理解や活用の促進を進め、幼保小の架け橋プログラム実施に向けての手引き等を発行することを求めているんですね。

そして、取り組む際には、モデル地域で「カリキュラム開発会議」を開き、幼保小、教育委員会、それから架け橋コーディネーターが参加して架け橋カリキュラムをつくることが望ましいということで、事例集をまとめた後に全国で展開する形を想定しています。

海外の幼保小接続の二つの形

ところで、外国では幼保小の接続問題はどうなっているかといいますと、実は同じような問題に各国も取り組んでいます。一つの国のなかでも地域ごとの違いがあったり、熱心さが違ったりしているので「この国はこういうふうに進んでいます」とはなかなか言えないんですが、**それぞれの国が幼稚園・保育園と小学校とをどうつなげていくかについて、すでにかなり議論をしてきていることは間違いないんですね。**

ＯＥＣＤが幼児教育についての調査研究を継続的にやっていて、それを「スターティング・ストロング」という白書にまとめています。連携接続の問題についても扱っていて、二〇〇六年に出された「スターティング・ストロングⅡ」では世界各国の連携接続には二つのパターンがあることを指摘しています。

一つは「ソーシャルペダゴジー型」です。これは北欧やドイツなどの中欧に見られます。ペダゴジー（pedagogy）というのは教育という意味ですけれども、「子どもは社会のなかで育っていき、その最初の社会は家族である。そして地域という社会、学校という社会でも育っていく。つまりは社会が子どもを教育していくんだ」という考え方です。

ところが、実際には、子どもが初めに育つ「家族」が、みな理想的な状態にあるかというと、そうとは言えません。経済的に困難で子どもにいろいろな体験をさせてあげられない家庭もあるだろうし、シングルで子育てしている家庭もある。その前提で家庭あるいは地域で子どもを育てていくのを社会が応援していく。社会が全体として上手に子どもを育てていくシステムをつくっていこう。これがソーシャルペダゴジーの考え方なんですね。

子どもを育てるのに、その命をていねいにいつくしんで育んでいく「ケア」、活動や遊びを取り入れる「養育」、何かを積極的に学んでいく「学習」といった仮に三つの分野があっ

海外にみるふたつのアプローチ
ソーシャルペダゴジー型
遊び・生活が中心で、
社会の中で育つという
認識。
日本の指針、要領は、
こちらに接近している。
就学前型
学校の準備期間と
いう認識。

たとしても、それらに上下関係をつくらない。ケアが上か、学習が上か、といった議論はしません。つまり保育・幼児教育を学校化しないという原則のもと、その原則を小学校低学年に浸透させていくべきという考え方です。

そうすると、学校のように机に向かって教科書を使う準備をするのが連携ではない、ということですよね。五歳から七歳ぐらいまでの子どもたちをひとまとめにしたとしても、それはソーシャルペダゴジー型でやるべきなんだっていう考え方です。

それに対して連携接続のもう一つのタイプは「就学前型アプローチ」と言います。これは、オーストラリア、カナダ、フランス、イギリス、アメリカ、オランダなどがそうなんですけども、小学校低学年の内容を易しくして下におろしていこうという傾向のある幼保小のつなぎ方です。「スターティング・ストロングII」の著者たちは、これを「ECEC（乳幼児期の教育とケア）」つまり保育・幼児教育を学校化しようとしてると見ています。

フランスでは幼稚園は少なくて「エコール・マテルネル（お母さん学校）」というのが多いんです。このエコール・マテルネルの先生と小学校の先生を同じ身分にして教諭職としています。ここでエコール・マテルネルの年長の次の年、つまり進学する小学校の低学年の担任を同じ人が担うようにする、といったことが推奨されているんですね。そして、五歳、六歳児でボーリング遊びをして足し算の練習をさせようとか、小学校のやり方を下へおろしていくやり方が見られるとしています。

OECDの立場は、基本的にはこの二つを対立させないで、双方が交わり合うことを期待しています。ソーシャルペダゴジー型のアプローチと就学前型のアプローチは、国によっては交わり合っていくことが大事だと考えている、ということです。この交流を続けていくことにより、一つにまとまっていくんじゃないかというのがOECDの立場です。

ＯＥＣＤは「スターティング・ストロングⅡ」のなかで、幼稚園とか保育園とかこども園とかが分かれている国は幼保小連携というのは大変難しい、と指摘しています。なぜなら、幼稚園と保育園とで、やっていることが微妙に違うからで、だから小学校とつなぐと言っても簡単にはできないというわけです。それを解消するために、日本でいう認定こども園のような施設に一本化しているような国も多いです。それで、午前中だけいてもいいし、午後までいてもいいという形にしている。そうすると幼保小の連携もやりやすくなります。

日本の場合は、まだ幼稚園、保育園、認定こども園と三つに分かれた状態でやっていますから、独自な形でやっていくしかないと思うのですが、そういう現状にあっても世界も同じようなことで小学校とのつなぎ方を追求しているし、そこに悩んでいるんだっていうことを知っておいてください。

おおえだノート⑥

達成目標と方向目標、そして連携

達成目標
(入学までに)
下駄箱に靴をそろえて
入れられるよう、何が
何でもしつけて!!
方向目標
<例>
自立心…自主的に自分のことは
自分でできるように、経験を用意する。
身につくまで
足形のマークを使おう
くつが
「置いてね」
って
言ってるよ
入学時
連携
もし、できない
子がいたら
またしばらく
使って!

学級崩壊の調査を行った経緯もあり、この問題について、汐見先生は超エキスパート。この講座では園の先生が知りにくい小学校の事情を数々、教えてもらえました。

園の先生にとっては、子どもが「楽しい!」と思える方法で、「やってみよう!」という心情・意欲・態度を育てるのが目的のひとつ。学校の先生は、それを引き継いで「やれる!」ようにすることが目的。

でも入学時に、学校教員が思っていたとおりに育っていない子がいて、それが教員をイライラさせます。そして強い指導で支配しようとする。それを聞くと、心ある保育者は、逆にイライラさせられます。

カリキュラムの内容の連携より先に、「園ではこうしていた」とそのスキルを伝え、「子どもの主体性尊重」から始めないと、教育はうまくいかないことは、共通認識にしたいですね。(おおえだけいこ)

第七講

同僚性

～支え合いながら
保育をしていくために～

9月

今回のテーマにあげた「同僚性」という言葉は、昔はあまり使わなかった言葉ですね。だいたい八〇年代に生まれてきた言葉です。

幼稚園、保育園、こども園のように、十人からせいぜい数十人くらいの小さな職場で、メンバーが同じ方向を向いて、励まし合い、支え合って仕事をしているかどうかは、園がその役割を果たすためには決定的に大切なことなんですよね。

小さな組織はちょっとうまくいかなくなると、そのままだめになってしまう。単に仲がいいということをこえて、仕事で上手に協働していく。失敗をとがめてメンバーのやる気をなくすことがないように、それぞれが持つ特性を伸ばし合うのが大事だということがはっきりしてきたわけです。小さな組織が力を発揮するためには、お互いがミッションを自覚し、協力・協働し合えるような関係をつくらなきゃいけないということが言われるようになってきたんですね。それを一言で「同僚性」と言っているわけです。

同僚性が高いとはどういうことか

定義としては、組織のミッションに対する理解と、それを実現しようとする方策についての認識などが、メンバーによって共有され、互いの個性を大事にしながらも、協同、協力によってミッションを達成しようとする姿勢があることです。

本来、園が何をするための組織なのか。この「何をする」というところがミッションなんです。それを園のみんながわかっている、ということです。たとえば「子どもの育ちを深いところから支えていくこと」とか、「いろいろ難しくなってくる二十一世紀社会のなかで、みんなが人間らしく生きていける基礎力みたいなものを育てていく」などです。あるいは「子ども一人ひとりが自分の良さをわかって、自分らしく生きていく道を見つけていくのを上手に励ましていく」「子どもの自分探しを応援していく」など、園の目指していること、使命としている「ミッション」をメンバーがちゃんと理解していることが大事です。

それから、ミッションを達成するために、うちの園ではどういうことを大事にしているんだとか、子どもの育ちをていねいに保障するために、こういうふうに行事を変えた、といった具体的な方策についての考えがメンバーに共有されていないといけませんよね。

そして、**方策についての考え方が共有されていることを**前提として、「あの先生はこういうところがいいところなんだよね」とか「あの先生は失敗すると落ち込みが激しいから上手に励ましてあげたほうがいいよね」などと、**先生方が互いの個性を大事にしながらも協力し協同すること。そうしてミッションを達成しようとする姿勢があることですね。**それが同僚性だと考えてください。単に仲がいいというだけではないんです。

今日はこの「同僚性」というキーワードが注目されるようになった背景、そして同僚性を上手に築くために必要な手立てについてお話ししたいと思います。

保育の変化、保育者の変化

さて、同じミッションを共有する同僚性というキーワードが保育の世界で注目されるようになってきた背景には、たくさんの理由があります。

一つには、保育者の価値観が多様化して、同じ方向を向いて保育することがそれほど簡単ではなくなってきたということがあります。

昔は保育園や幼稚園の先生になりたい理由として「子どもが好き」「保育が好き」ということが共通の価値観として成り立っていたんです。小さいときに幼稚園の先生が大好きだったから、私もなりたいという動機で仕事を始めるといった具合です。もちろん、好きだけではすまないことをいろいろ体験はしますけれども、基本的には子どもや保育が好きという共通の価値観がありました。

ところが、保育の仕事をする人の価値観も多様化してきて、同じことを大事にしたり、同じことがいいと思うのが当たり前ではない社会になってきたんですね。昔は一つの仕事を始めたら簡単に辞めるなんていうことは言わなかったし言えなかったものですが、今は「別の仕事をやりたいから、今年で辞めます」と言ったりするようになっていますよね。

二つ目には、保育を二十世紀から二十一世紀バージョンに変えることが急な課題となってきて、その転換の必要性の自覚がそれぞれに違うから、バラバラになりがちということがあげられます。

同僚性（ミッションの共有）が注目される理由

※これら同僚間の溝を埋めないと、組織力を発揮できない。

・価値観の多様化
一生保育やりたいっ
保育は通過点のひとつ!
・21世紀型へ進む必要性
新しい保育へ
今のままで困ってないわよ
・若手の意識の変化
それでいいです…
近ごろの若手本音が言えないな〜
・保育業務の変化
プロでしょ? やって!
など

今は、どこの園でも子どもを主体とする保育や、環境による教育が主流になっています。従来のような、先生が子どもに指示を与えてそれを達成させるような、二十世紀型の保育では子どもは育たない、ということが問題になってきました。そうではなく、子どもが自分でやりたいことを見つけて、自分で挑んでいき、そして結果に対して自分で責任を取っていく、そんな育ちをその子に保障することが大事なのだという認識に変わってきました。そのためには、一斉に何かをさせる、子どもが「遊ばされている」ような保育はまずい、と言われています。

　このことは、四十歳代とか五十歳代の先生が学んできた今までの保育とはちょっと違うわけですね。先生の指示によって、集団で同じことを同じようにさせるのは、今は大事ではないですよ、って言われるわけです。二十一世紀型の保育をしてください、と言われたときに、その理由に「なるほど」と納得して変えようとする人もいれば、「そんなやり方をしたら」と、変えたくない人も出てくるわけです。**保育を変えなければいけない、という自覚がバラバラなんですよね。**すると、新しい保育を養成校で学んできた若い先生が、園のベテランの先生から「そんなことをして、子どもをわがままにしたいの?」などと言われてしまうわけです。それぞれ転換するといっても自覚がみんな違うので、保育に対する意見が対立しがちになるんです。

三つ目に、**若い世代に、本音で、気楽に仲間に発言することが苦手な人が増えていて、ちょっとした行き違いで追い詰められてしまう人も出てきたからです。**保育についての考え方を話し合っているときに、「じつは、私、そういうことは本当はよくわからないんです〜」とか、気楽に本音を言えないんですね。自分がどう思われるかが不安で仕方がないし、気を使って周りに合わせるのにエネルギーを使ってしまう。周りから見るとなかなか本心が見えないし、ちょっとした齟齬《そご》があると逆に追い詰められてしまう。若い世代が本音のところで同僚性をつくっていくのが難しくなっている、ということがあるんですね。

組織の質が保育の質に直結する時代

四つ目に、保育業務が変化して、**組織の良し悪しが保育の質の良し悪しにそのまま直結するようになってきた**ことがあります。

たとえばですが、昔の保育の仕事に比べて今は書類づくりが増えてきましたよね。事務処理能力が高くなければやっていけない時代になってきました。制度のなかで組織がおこなった仕事を後から検証できるように文書に残していく「文書主義」になってきているわけです。このときもし「子どもと接する時間が減っちゃうよね、だから簡単に書いておけばいいから」と、原則は大事にしつつも柔軟に言ってくれる、同僚性を大事にするリーダーだったらいいけど、「あなたプロなんだから、ちゃんと書いて」と言われると、子どもとゆっくり接したり、保護者と話す時間がどんどん少なくなります。すると園での動き方もスムーズでなくなり、保育の質を下げてしまうことにもなります。リーダー役の人が同僚性を大事にしようとしてくれればいい組織ができるんだけれども、「言うこと聞いて」と命令調になってしまうと、非常に硬い組織になってしまって発展性を失ってしまうことがあるということです。

五つ目に、保育園や幼稚園、こども園という組織における同僚性の難しさは、**企業のように成果が数字ですぐに出にくいこととも関係しています。**企業なら今期の利益はいくらで、不振だった原因や好調だった理由を明らかにして、よく売れたものはもっとたくさんつくろうという方針を立てやすい。するとみんなが同じ方向を向きやすいわけです。ところが保育の成果はすぐに測ることが非常に難しいですよね。

下手をするとミッション自体もバラバラになってしまうことがあって、同僚性を高めるというのはとても難しいものだと思います。**同じミッション観を持つのに独自の工夫が必要で、それが困難と感じる人も多いのです。**

同僚性を高めるためのいくつかの手立て

では、みんなが同じような方向を向いて、支え合いながら、そして本音も打ち明けながら励まし合って保育をしていく、そういう同僚性を築いていくには、どういう手立てが必要になるかということですね。これはもうおわかりだと思いますけれども、一つの正解があるわけではなく、園それぞれなんですね。うちはベテランが多いからこうしています、とか、若い先生が多いのでこういうふうにしていますとか。

でも、いくつか大事なことを一般論として申し上げたいと思います。

一つは、**園が変わらなければならない、見直さなければならないという認識をみんな、とくに園長や主任、サブリーダーのようなリーダー役の人が持つこと**です。「今のままでいいじゃない」という認識では問題意識は生まれないですよね。「これからは二十一世紀バージョンの保育に変わっていかなきゃいけない」「保育を見直していきたい」「そのためには、どういう方法がいいかをわいわい議論していきたい」という姿勢でリーダー役を果たしてくれたら、保育について議論し合う土俵ができますよね。リーダーの姿勢が同僚性を高め、回り回っていい保育につながる。それがわかれば、職員同士の関係性をどうつくるか、つまり同僚性をどう築くかは保育における大きなテーマになるはずです。

二つ目に、**自園を利用者がどう見ているかをできるだけ客観的に知ろうとすること**です。「私たちは頑張っている」っていうのは当然あると思うんだけれども、ただ、違う人たちが見たらうちの園はどういうふうに見えるのだろうか、という他者のまなざしを持つことも実はとても大事なんですよね。他者のまなざしの一つが保護者のまなざしです。保育園、幼稚園、こども園を利用している親が、私たちの保育をどう見てくれているのかを客観的に知ることも大事な取り組みなんです。

保護者がいろいろと言ってくることのなかには、園にとって厳しい、聞くのはつらい、ということもたくさんありますよね。多様な親がいますから、言われたことを「はい、そうします」とすべて反映する必要はないけれども、どんなところに不安や不満を持っているかは、できるだけ客観的に知る必要があります。それができると、保育を変えていく方向性をみんなで議論していく同僚性が高まっていきますよね。

三つ目に、**子どもの将来を考えたときに、今の保育で十分かをみんなで考えるチャンスを持つこと**です。自園でおこなっている保育は職員みんなで開発したものなのだけれども、本当にそれで十分なのかどうか、もっといい保育があるのではないか、もっともっと子どもが上手に選択できるような保育があるんじゃないか、ということを常に問題意識として持っていることが大事なんですね。「今の保育でいいんだ」では進歩がストップしてしまいます。どこに問題があるか、どのあたりが未熟なのかを問題意識として持ち、共有していく。それによって「こういう園にしていきたいよね」と方向性が定まるときに、同僚性も高まっていくわけです。

四つ目です。若い世代が、自由にものを言えるようになっているか判断することです。園によってはほとんどが二十歳代というところもあるかもしれませんけれど、普通は新人や中堅、ベテランがいるわけですね。若い世代が「こういう保育は本当に必要なんですか?」「もっと子どもを動かしたらどうでしょう?」などと言うと、ベテランが「若いくせに、保育をどれだけわかっているの?」といった雰囲気で強い口調で言うことがあるわけです。なかなか自由にものを言えない状況があちこちで起きています。同僚のなかには若い先生方もたくさんいるわけですから、若い世代が自由にものを言えるようになっていることが、実は同僚性のためにとても大事なことなんです。

ただ、中間の立場にいる主任やサブリーダーは「板挟み」になりがちで悩みが深いですね。若手からはいろいろ相談されるけれど、園長や理事長が決めないと解決しないことも多いものです。それに上に伝えると「あなた、自分の仕事はちゃんとやっているの?」と言われそうでなかなか切り出せない。上からも下からも悩みが集中しやすいです。

でも、小さい組織だからこそ全体で問題や悩みを共有することはできると思います。たとえば乳児のクラスで何か問題が起きて、担任がサブリーダーに報告して乳児クラスの先生同士で原因や対策を共有するとします。そしてサブリーダーは、サブリーダー会議でそれを報告して、幼児クラスのサブリーダーや園長、あるいは理事長といった上のレベルでも共有するようにする。そうすると園長が「理事長に相談してみましょう」とか、理事長が「保育課にかけあってみましょう」という展開が出てきて、サブリーダーが一人で悩みを抱え込まずにすみます。ただ、そのきっかけはサブリーダーの意識に任せるのではなく、認識を共有するシステムを、小さな組織だからこそていねいにつくっていくのがポイントになると思います。**いいことも、心配なことも、情報を共有してみんなで解決していくシステムづくりが求められます。**

まだあります。五つ目です。**興味深い保育を行っている園を貪欲に見学させてもらうこと**です。これは先ほどの三つ目と関連して、自ら他者のまなざしを持ち、自園の保育を客観的に評価することにつながります。「同じ年齢なのに、どうしてここの園の子どもたちはこんなに表現が上手なのか」とか「あそこの園の子どもたちは活発に動いているんだけれど、静かなんだよね」など、貪欲に見学してほしいのです。すると「うちでは全然やっていないことを、ていねいにやっているなぁ」などとわかったりして、他者のまなざしを手に入れることができます。

六つ目は、**自己評価の活動を保育の振り返りとして毎日楽しくおこなうこと**です。これは今の保育所保育指針に項目を立てて書いてあります。幼稚園では自己評価の歴史はある程度あるのですけれど、保育指針では前回の二〇〇八（平成二十）年の改訂時に自己評価が初めて書き込まれました。そして翌年（平成二十一）には「保育所における自己評価ガイドライン」が作成されたのです。ただ、それがあまりうまく活用されていないという理由から、二〇一八（平成三十）年に「保育所等における保育の質の確保・向上に関する検討会」が設けられました。私は検討会のメンバーとして、ガイドラインを再度、改訂する作業に関わりました。

改訂されたガイドラインにも書かれていますが、**強調されている自己評価とは「毎日の保育を短い時間でいいから語り合う」ということ**なんですね。仕事が終わってからだと大変ですけれど、たとえば保育園だったら、子どもが午睡してる時間の最初の五分や十分間に、その日の午前中の保育で面白かったことや、子どもに教えられたこと、感動したこと

毎日の保育を語り合うことの効能

を自由に出し合い、語り合うんです。「◯◯ちゃん、今日びっくりしちゃったよね」とか、「あれって、うまくいかないんじゃないの？」とか。あるいは「△△ちゃんと□□ちゃんはよくけんかをするんだけど、今日は年上の●●ちゃんが来てね、どうしたの？　って二人に話しかけてやりとりしているうちに見事に仲良くなっちゃったの。あの子は不思議な力を持ってるよね」とか、そういうことを毎日振り返りとして語り合うんですね。

そんなふうに振り返りとして語り合うなかで、先生同士で「◯◯先生は、そういうふうに我慢できたんだ。私だったらつい声出しちゃうかな」「いや、私だって声を出そうと思ったんですけれど、今日は一回見ていておこうと思って。黙って見ていると子どももってどんどん自分でやっちゃうんですよね。今まで私、手を出しすぎていたのかもしれないです」というような会話も出てくるかもしれません。

新しい保育の仕方と、自分が習ってきた保育の違いに戸惑っていたベテランの先生方も、子どもたちが目を輝かせて遊んでいたら、「子どもがよく育っている、面白く育っているなら、これは良い保育なんだ」と認められるわけで、保育観のちょっとした違いも乗り越えられるのです。そういうことを続けたら、若手とかベテランとかというのも、だんだん対等になっていきますね。そんななかで若手からもベテランに対して「□□先生って、昔からやっていることがありますよね、私よりずっと子どものことをよくわかっているみたい」とか、そういうふうな会話も生まれてくるのではと思います。

保育のなかで「子どもって面白いね」っていうことを見つけ、語り合う。これが自己評価なんだとガイドラインでは説明しています。ですから、自己評価は楽しく行うものなのです。子どものだめな部分を議論するのではなく「子どもってすごいね」と発見し合ったことを語ることなのです。

同僚性を高める七つ目は、保育の時間外の時間に、仲良くなるための行動をときどきすることです。同じ職場に勤めているわけですから、「今度一緒に旅行に行かない?」とか、「この前おいしいお店ができたんだけれど一緒に食べに行かない?」とかの仲良くなるための行動は時々やってほしいです。「職場を離れたら他人」というのでは、なかなか人間の素の顔は見えませんよね。だから保育の時間以外で、仲良くなる行動を時々やってほしい。

最後、八つ目は、ふだんから悩みを語ったり聞いたりする時間を持つことです。職場っていうところは悩みだらけのところですよね。ちょっと一生懸命やったら親御さんから逆に不満を述べられたとか、親御さんのためにやっているのに何で文句を言われなきゃいけないの、とか。いろんな悩みがあります。あるいはベテランの先生からチクッと言われて、それが心に突き刺さって……ということがあったりする。そういうのをそのままにしておいたら、だんだんストレスが大きくなっちゃうんですよね。

逆に、こんなふうに言われたのだけれど、どうしても自分は納得できなくて、ということもあるでしょう。もちろん聞いたことは守秘義務で誰にも語らないんだけれども、その場では自由に語り合う。そういうふうにしながら、同じ職場の先生方のこだわりや、他の先生方が若いころどういう苦労をしてきたのかとか、そういうことがだんだんわかっていく。つまり人間として理解し合っていく。そういうこともできたら同僚性がまた高まっていくことになるのです。

同僚性をどう高めるかについては、他にも要素がありますけれども、今日は、なぜ同僚性が必要になってきているかということと、その同僚性を築いていくためにどういうことが大事なのかについて、その一端をお示ししました。

同僚性向上のヒント

❶リーダーが主導性を発揮！
❷保護者などの意見を知る
❸方向性の共有
❹若い世代の意見を尊重
❺他園を見学する
❻楽しく「振り返り」を
❼時間外で共に過ごす
❽悩みなどを語り合う

etc.

例
方向性の非共有
その黄色の服の子！
その呼び方！トシくんよ！
共有化でトラブル減
全園児の顔と愛称を覚える方向で
リーダー
はい そろえましょう
「一人ひとり大切に」ですね
ミッション

同僚性というと、つい仲がいいとか、協力し合える関係などと考えてしまいます。でも、その先には何のために協力するのかという「ミッション（理念）」があるはず。たしかにそこがブレていたら協力もしづらいし、仲良くするのもしんどいですよね。「かみ合わないなあ」と思ったら園のミッションに立ち返って、「何を目的に保育をしてるんだっけ？」を確認し合う。同僚性の高さは職員の定着率とも相関するので、とくに園長先生をはじめとするリーダーが心を砕いたほうがいい案件です。

　リーダーの主導権発揮は、汐見先生があげた「向上のヒント」でもトップにあがっています。また、「今日の服、ステキね」なんてことでもOK、いいところをさりげなく「ほめ合う文化」をつくるのも、上のヒントの❾に加えたいな。❿以降も考えてみてね。（おおえだけいこ）

第八講

子どもの権利

～子どもの意見を尊重し、最善の利益を考える～

今回は、保育を実践するうえで考えることがとても大事になっている「子どもの権利」のことを取り上げていきたいと思います。
「子どもの権利を大事にする」「子どもの権利を守る」とは、どういう意味なのでしょうか。今日はそのことをいろいろな角度から考えてみようと思っています。

指針や法律に登場する子どもの権利条約の精神

子どもの権利を考えるにあたって最も重要なのが、子どもの権利条約（児童の権利に関する条約）です。これは、一九八九年十一月二〇日、第44回国連総会において採択された、世界中すべての子どもたちがもつ権利を定めた条約です。全部で五十四条からなり、その精神は保育所保育指針にも色濃く反映されています。

保育所保育指針の総則の最初の項目（1）「保育所の役割」に「入所する子どもの最善の利益を考慮し、その福祉を積極的に増進することに最もふさわしい生活の場でなければならない」という有名な文言があります（第1章　総則　1　保育所保育に関する基本原則）。

ここで使われている「子どもの最善の利益」という言葉は、子どもの権利条約の最も大事な言葉の一つなんです。

それからその後の（5）「保育所の社会的責任」には、「保育所は、子どもの人権に十分配慮するとともに、子ども一人一人の人格を尊重して保育を行わなければならない」という文言があり、ここで「子どもの人権」という言葉が登場します。いずれも保育指針のような基本文書のなかに、子どもの権利条約の考え方が登場しているのです。現代の保育は、子どもの権利条約の精神やその中身をしっかりと理解して進めていかなければいけなくなったということです。

保育所保育指針だけではなく、子ども関係の大事な法律にも、子どもの権利条約の精神が大事だと明確に書かれるようになってきました。現行の児童福祉法や、二〇二二年六月に成立した「こども基本法」がそうです。まず児童福祉法の条文から見てみましょう。

第一条　全て児童は、児童の権利に関する条約の精神にのつとり、適切に養育されること、その生活を保障されること、愛され、保護されること、その心身の健やかな成長及び発達並びにその自立が図られることその他の福祉を等しく保障される権利を有する。

（児童福祉法 第一章 総則）

ここでは、子どもが適切に養育されることや、愛されること、保護されること、健やかな心身の成長を図られることが子どもの権利なんだと書いてあります。それを「子どもの権利条約の精神にのっとってやるんです」と書いているんですね。

第二条　全て国民は、児童が良好な環境において生まれ、かつ、社会のあらゆる分野において、児童の年齢及び発達の程度に応じて、その意見が尊重され、その最善の利益が優先して考慮され、心身ともに健やかに育成されるよう努めなければならない。（出典同）

ここで「子どもの意見が尊重されなければいけない」と書かれていますが、これは子どもの権利条約の第十二条にある有名な「意見表明権」のことです。子どもは自分の利害に関係のあることは、何歳であってもそのことに対して意見を言う権利がある。そして大人はこういう子どもの意見を尊重してやっていかなきゃいけないんだと、明確に書かれているんです。

保育は児童福祉法のなかに規定されている営みです。そこにこういった子どもの権利条約の精神が書かれているわけですから、子どもの権利条約を知らなければ保育はできないという時代になっているんだということを知っておいてください。

こども基本法については、こども家庭庁という新しい庁をつくるのとセットで、こども家庭庁設置法という法律が通り、そのなかで子どもについての新しい法律をつくることになりました。それでこども基本法が提案され、国会で通ったのです。これからは幼稚園も保育園も、つまり教育も福祉もどちらもが、こども基本法を大事にしていかなければならない時代になりました。

そのこども基本法の第一条「基本理念」にはこう書かれています。

（基本理念）第三条三　全てのこどもについて、その年齢及び発達の程度に応じて、自己に直接関係する全ての事項に関して意見を表明する機会及び多様な社会的活動に参画する機会が確保されること。（第一章　総則）

これも、子どもの権利条約の十二条「意見表明権」のことが書かれているんです。これから子どものことを何か扱う場合には、子どもの意見をきちんと表明することを大事にして、勘案しながら施策をやっていかなきゃいけませんよと、ちゃんと法律として書いたわけです。

第三条四　全てのこどもについて、その年齢及び発達の程度に応じて、その意見が尊重され、その最善の利益が優先して考慮されること。（出典同）

ここにも子どもの意見、最善の利益という言葉が出てきます。これらはいずれも、こども基本法の最初のほうに書かれている内容なんですが、子どもの権利条約の精神にのっとってやるんだということ、意見表明権や最善の利益が大事にされなければならない、と強調されているのです。

子どもの意見を尊重し、最善の利益を考慮する

これを保育の場面にあてはめると、どういうことになるのでしょう。

たとえば、皆さんの幼稚園や保育園で、運動会の種目や演目を先生方で議論して決めて「今年はこういうことやるから、みんな練習しようね」と言って、練習させる。**そういうやり方をしてはだめですよっていうことなんですね。**

なぜかというと、子どもの意見が全然聞かれてないからです。「運動会でこういうことをやりたいと思うんだけれど、みんなはどう?」と、**子どもの意見を聞いて、それを尊重しなければいけませんよと書かれている。**その意味でやり方を根本的に変えてくださいっていうことなんですよね。

そして、その場合、**いつも子どもの最善の利益を原理として具体的に決めてほしい。**たとえば、お母さんの仕事が遅くなって保育園のお迎えが七時になってしまった。家に帰って七時半、それからご飯を作ったりお風呂をわかしたりして、ご飯を食べたらもう八時半

になっている。それからお風呂に入って九時半。お父さんの帰りを待っていたら寝るのは十時半になってしまった。こんな家庭はたくさんあると思うんです。三歳児でもそういう家庭がたくさんあるんですよね。

そういう子どもは長時間、保育園にいて、一人ずつみんな帰っていって友達がどんどん減っていくなかで過ごします。冬になるともう四時ごろから外は暗くなってくるわけで、自分だけが待っているのは心細いですよね。その間に楽しいことはできるのに「ママはいつ来るのかな」っていう心細い状態がずっと続くと、子どものウェルビーイング、メンタルヘルスもおかしくなってきます。

親の労働を支えるための施設が保育園なのだけれども、そこにいることによって子どものメンタルヘルスが損なわれることがあるとしたら、その保育のやり方が本当にいいのか、っていうことになりませんか？

その場合にも、子どもの利益、最善の利益を考えなければならないんです。お母さんの要望をすべて聞いていたら子どもの利益は損なわれてしまう、だとしたら別のやり方を考えなければいけません。

ある園では、お迎えが遅くなる子どもたちが、地域のおばあちゃんの家庭で過ごせるようにして、お迎えはその家に直接行くような仕組みをつくりました。お金儲けが目的ではないこと、子育て経験があること、できればお孫さんが家にいること等を条件にして募集をしたら、四人が応募してくれたそうです。そうやってお迎えまでおばあちゃんの家で過ごしたら、子どもが見違えるように元気になってきたそうです。

子どもの利益と親の利益が矛盾するときは、子どもの利益を優先するのが、子どもの権利条約の考え方です。それを児童福祉法は取り入れたわけですから、こうした取り組みも可能になるというわけです。

子どもの権利条約が保障する四つの権利

さあ、ここからは子どもの権利条約について見ていきましょう。

子どもの権利条約を、あまり読んだことがないっていう方もいらっしゃると思いますけれど、これからはそういうわけにはいかないですよ。子どもの権利条約についての学習会は職場で必ずやっていただきたい。そして、子どもの権利条約の精神から、自分たちの保育を見直すことを、ぜひやっていただきたい。これが今日の私からのお願いなんです。

子どもの権利条約の内容を知っていますか？　以前は大きく四つの権利分野があると説明されていました。現在では後述する「原理」に統合されましたが、理解のためにまずこれをさらっていきましょう。

一番目は「生きる権利」です。子どもたちが命を守られること。食べるものがない子どもはちゃんと食べさせてもらうとか、親が病気になってしまって面倒を見られない子どもは、誰かが代わりに見るとか、施設で見るとか。そうした権利を子どもたちに与えましょうということです。親によって守られる権利があり、それがうまくいかなかったら代わりに誰かが守ってくれるという権利がある。

二つ目は「育つ権利」です。子どもたちが心身ともにしっかりと健康に育っていく。そういう育ちを支えてもらう権利があるということが書いてあります。教育を受ける権利も当然、そのなかに入ります。

三つ目は「守られる権利」。たとえば、暴力をふるう親がいたら、親を子どもから引き離して守る。また、災害などからも守られる権利があるといったことが書いてあります。

四つ目が「参加する権利」です。子どもたちは自分に関係するところは自分たちの意見を言う権利を持っている。いろいろな形で参加する権利があるんだということです。

前にも言いましたが、〇歳児や一歳児のおむつを替えるときにも、無言で黙って替えることはしないでくださいね。子どもたちにおむつを見せて「今、おむつを替えるんだけれど、いいかな?」と子どもに聞いて、子どもが「いいよ」と言った、あるいはそういうサインを送ってくれたら、「ありがとうね、じゃあ替えるね」と言って替えてください。子どもは意見を求められ、子どもがいいよと言ったら応じてあげる、そういうことです。

たとえば、鼻水が出ている人に「ちょっと来なさい」と呼んで、その人が来たら黙ってこちらが鼻をふくのは、人間としてとても失礼なことですよね。相手が大人だったらやらないでしょう。だけど、子どもだったらやってしまうんです。そうすると、子どもは「自分たちは、意見を聞かれるような存在じゃないんだ」「大人の勝手な思いに従わなきゃいけないんだ」と学習していくんですよね。

それが積み重なると「私はこう思う」と自分の意見の言えない人間になってしまいます。それは結局、社会にとって損だということになります。今後はそうではなく、何かあれば必ず子どもの意見を聞いて、進めていってください。子どもには意見を言う権利があるんですよ、というのがこの「参加する権利」が意味するところです。

その他にも子どもが集会を開く権利なども書いてあって、まとめて「参加する権利」と言っています。
以上、この生きる権利、育つ権利、そして守られる権利、参加する権利という四つの権利が、子どもの権利条約には書いてあると説明されることが多いです。

子どもの権利条約の四原理

また子どもの権利条約には四つの大事な原理があります。それを見ていきましょう。

①生命、生存及び発達に対する権利（命を守られ成長できること）
すべての子どもの命が守られ、もって生まれた能力を十分に伸ばして成長できるよう、医療、教育、生活への支援などを受けることが保障されます。

先ほど生存および発達に対する権利があると話しましたが、まさにこの「命を守る」という一番目の原理がいくつかの条項に分けられて書かれているわけですよね。

②子どもの最善の利益（子どもにとって最もよいこと）

子どもに関することが行われる時は、「その子どもにとって最もよいことは何か」を第一に考えます。

保育はその最たる営みの一つですね。「どのような保育をしたら、その子の育ちにとって一番いいだろうか」と常に考える。これは子どもの最善の利益を考えることと同じなのです。ですから、最善の利益という言葉を使わなくても、もっといい保育があるよねと考える、環境をつくっていくことが子どもの最善の利益につながります。

③子どもの意見の尊重（意見を表明し参加できること）

子どもは自分に関係のある事柄について自由に意見を表すことができ、おとなはその意見を子どもの発達に応じて十分に考慮します。

子どもが「やりたくない」と言っていることでも、保育者として経験させたいということがありますよね。子どもが「やりたくない」のはわかる。だとしたら別のアイデアを出

子どもの権利条約　4つの原理

❶生命、生存、および発達に対する権利

❷子どもの最善の利益

❸子どもの意見の尊重

❹差別の禁止

して、私たちが体験させたいと思っていることに近づけていく。そういう場面って実は保育のなかで多いですよね。

でもそんなときでも、必ず子どもの意見を聞いて尊重することが大事だということですね。そうすると子どもは、自分たちは守られているし、大事にされているし、いつも意見を聞いてくれると感じるようになります。そして自分が他人と接するときに、自分たちがいつもそうされているように、他の人の意見も聞いてから行動する、そういう姿勢が身に付いていきます。対人関係を上手に営む人間になっていきます。そういうことが三番目の原理として書かれています。

④差別の禁止（差別のないこと）

すべての子どもは、子ども自身や親の人種や国籍、性、意見、障がい、経済状況などどんな理由でも差別されず、条約の定めるすべての権利が保障されます。

これから日本は人口が減って、外国からたくさんの人が働きに来るようになります。そのときにその人の国籍や人種で一切差別をしてはいけませんよ。あるいはその人が私たちになじみがない宗教を信仰していたとしても、勝手に排除したりしては絶対にいけませんよっていうことですね。

障がいのあるなしで差別をしてはいけない、というところに注目してください。国連のなかに障害者の権利委員会という委員会があって、そこが日本に対して勧告を出しています。日本には特別支援学校がたくさんありますね。また、小中学校のなかにも発達障がいやさまざまな障がいを持つ子どもたちが学ぶ特別支援教室があります。でも、世界の流れはインクルージョンといって、できるだけ一緒に教育を受けさせるようになってきています。

ところが、日本は可能な限りは一緒に授業を受けていいけれど、支援が必要な教科は特別支援教室に行って受けたほうがいいということになっています。これはインテグレート（統合的）ではあっても、インクルーシブ（包摂的）な教育にはなっていないんです。そこを日本は早急に改善するようにと言われています。

障がいがあるからと区別されてしまうと、差別するつもりはなくても、子どもから見たら差別につながってしまうことがあります。運動会で足に障がいがある子どもがいたら「○○ちゃんは走るのが難しいからやめようね」と説得するのではなく、本人の意見を聞いて、走りたいんだったら一緒に参加できる競技を一緒に考えていこうという形をとることです。
どんな理由があろうとも障がいのある子どもたちを分け隔てたり、差別したりすることは絶対しない。そうされない権利がある、ということが書かれています。

子どもの権利条約に書かれていること

それでは子どもの権利条約の条項の代表的なところをいくつか見ていきましょう。ただし政府訳は文章がちょっとカタいので、日本ユニセフ協会が全文を子どもにわかるようにやさしく書き換えたもので見ていきます。

第十二条　意見を表す権利
子どもは、自分に関係のあることについて自由に自分の意見を表す権利をもっています。その意見は、子どもの発達に応じて、じゅうぶん考慮されなければなりません。（子どもの権利条約 日本ユニセフ協会抄訳）

これは先ほど触れた「意見表明権」ですね。

第十三条　表現の自由
子どもは、自由な方法でいろいろな情報や考えを伝える権利、知る権利をもっています。
（出典同）

近代社会ができたとき、「表現の自由」が権利だと人々に納得させるのにものすごい努力が必要だったわけです。たとえばフランス革命や、日本では江戸時代の封建制から近代的な制度に変わっていくときになってはじめて、近代社会の市民が王政を批判したり、政府を批判したりすることが自由にできるようになったのです。

フランスの思想家ジャン＝ジャック・ルソーは、『エミール』という本を一七六二年に書きました。市民が主人公になる社会を作ろうとするとき、その市民が暗愚だったら政治の権利を与えてもとんでもないことを決めてしまう。だから本当の意味で市民は賢くならなきゃいけない。そのための教育はどうしたらいいのか、ということを書いた本です。

その『エミール』のなかで、ルソーは自分の考える市民宗教という考え方を提唱しました。それは当時のローマ・カトリックの考え方と違うということで、この本はローマ教会によって発行禁止になってしまいます。さらにルソーはローマ教会によってお尋ね者になってしまいます。異端者は見つかったら死刑になりますから、人生の後半、ルソーは逃亡生活を余儀なくされます。ルソーに味方する人も何人もいたから、いろいろとかくまってはくれましたけれどね。

要するに、自由にものを言って、それが権力者の意見と違ったら捕まって殺される、これは日本の戦前もそうでしたよね。小林多喜二のように優れた作家も拷問を受けて殺されてしまいました。私の好きな三木清や戸坂潤のような哲学者もそうやって死に追いやられてしまった。かつてはそういう国だったんですよ、日本は。

そういうところを変革して、「何を言っても自由なんだ」という社会にすることはとても大事なことです。そうした表現の自由は近代市民の権利と言われてきたわけですが、それを子どもにも与えようというのが、この十三条です。

第十四条　思想・良心・宗教の自由

子どもは、思想・良心・宗教の自由についての権利をもっています。

幼児洗礼をするキリスト教の家庭がありますね。幼児期に子どもが何かを自分で選ぶこととは無関係に、あなたもクリスチャンになるのよと親が決めて洗礼を受けさせる。でもそれって今の社会になじまないんじゃないか、生まれながらにして宗教を決めることはやめようという動きが出てきています。

キリスト教の家に生まれたからその子が自動的にキリスト教徒になるというのではなくて、その子がいろいろな宗教を知ったうえで、「私はこういう宗教を選びたい」ということを大事にしようという考えに、ヨーロッパでも変わってきています。フランスなどでは仏教への関心が高まったりしています。

第十六条　プライバシー・名誉の保護

子どもは、自分や家族、住んでいるところ、電話やメールなどのプライバシーが守られます。また、他人から誇りを傷つけられない権利をもっています。

この第十六条を私たちはどのくらい守っているでしょうか。保育者同士で◯◯ちゃんのことを話していて「△△ちゃんも同じだったのよね」などと子どものプライバシーを軽々に言っていないか、ということです。保育のなかでみんなが知っていて当たり前だということについては、あまり気にすることはないですけれど、病気のこととか、家族のこと、たとえば両親が離婚調停中だとか、そうしたことを安易に他者に伝えるようなことは絶対にしてはならない、ということです。

子どもに人権が必要とされた理由

ここで皆さんに留意してほしいことがあります。**なぜ子どもの権利条約で意見表明権や人権を子どもにも保障しようと考えられるようになったのか、についてです。**

一九五九年に、国連で「児童権利宣言」という文章がつくられました。これは、一九四八年に国連で採択された「世界人権宣言」を踏まえて制定されたものです。

児童権利宣言は全十条で出されました。とても良い文章です。そのうち、ほとんどの条文に「子どもは保護されなければならない」と書いてあります。保護される権利があるのはいいけれど、では、その保護するかどうかは誰が決めるのでしょう?

これはすべて大人なんですよね。子どもの周りの大人です。となると大人が「その程度でいいんだ」となったら、子どもは保護されなくなってしまいます。子どもの権利は大人のさじ加減の範囲でしか守られないものになってしまいます。いい人がいたらちゃんと守ってくれるけれども、そうでなければ子どもは守られなくなってしまいます。

たとえば、実例を挙げると、私がよく通っていたバングラデシュという国では、首都のダッカだけでもストリートチルドレンが五十万人以上いると言われていました。大きくなると売春宿に売り飛ばされたり、過酷な労働をさせられたりします。そうした子どもたちをどう救えばいいかというときに「保護する」考え方だけでは救えないわけです。

それで、国連の人権委員会で、子どもにも近代社会がつくり出した基本的な人権を与えようということになりました。また、未熟がゆえに大人の恣意《しい》に翻弄されることのないように、子どもは自分の利害につながることにはすべて自分の意見を述べる権利があり、大人はそれを尊重しなければならないとしたのです。これが子どもの権利条約十二条の背景にあることなのです。

子どもの権利が大人の気ままな考えで勝手に決められてしまうことのないように、どの子どもも自分の意見を言うことが権利として保障されていて、大人はそれを尊重しなければならないと書かれたのは、とても画期的なことだったと言えるでしょう。

保育のなかで子どもの権利を大事にするとは

子どもの権利を大事にしようというのは、子どもを大切な「市民」として扱おう、という趣旨です。保育においても、子どもを無知で未熟な存在だと見たり、「知識も経験もないのだから子どもの意見を聞いたり、相談したりしなくてもいい」というこれまでの態度は、だめですよっていうことなのです。子ども扱いしない姿勢が求められています。

ＮＨＫ教育テレビ『できるかな』に出演していた高見のっぽさんという方がいました。のっぽさんは、初めて会う子どもにも、一歳の子にも、二歳の子にも、「さん」付けで名前を呼んでいたそうです。そして大人に対して話すのと同じようなしゃべり方をしていました。「あなたは何がしたいですか？」というように。なぜそんなふうに話しているのかを尋ねたら、「子どもって人間ですよ」と答えてくれました。このエピソードを、私は非常に印象的に覚えています。

それから、どんな場面でも、可能な限り子どもの意見を聞いて、それを勘案して保育することが求められます。子どもを人間としてリスペクトする、リスペクトしながら保育をすると言い換えてもいいわけです。子どもを人間として大切に扱うんだということです。認知症のお年寄りのおむつを替えるときには、黙って替えませんよね。「おむつを替えたいけれど、いいですか?」って聞きますよね。じゃあ、なんで小さな子どもに対して、おむつ替えるときに黙ってやってしまうのですか? 赤ちゃんにもちゃんと「おむつを替えたいけれど、いい?」と聞いて、それから子どもがいいと言ったら替えてほしい。それが人間として扱うということだと思います。

子どもをリスペクトするということは、子どもに対して「すごいな」と感じることです。子どもはいろいろなことにおいて未熟です。大人と違ってできないことが多いです。だけれども、今ある自分を超えていこう、十しか力がないけれど、十一、十二の力を手に入れようと懸命にいろいろなものに挑んでいきますよね。あの姿勢は我々大人がもうなくしてしまったものかもしれません。そういう自分をもっと伸ばしていこうとする姿勢は、我々よりはるかに優れていますよね。**むしろ大人のほうが学ばなければいけない。**子どもは人間であり、ひとりの人間として深くリスペクトすること。これを大事にすることが、実は子どもの権利を大事にすることなのだ、ということです。

子ども一人ひとりを大切にすることは、一人ひとりの育ちに責任を持つということでもあります。そうだとすると、みんなに同じことをさせることが本当に必要なのでしょうか？一人ひとりやりたいことは違うでしょう。だからここはもっと議論しなくてはいけません。**それぞれの子どもが好きなことをできるような環境をつくってあげること、これがこれからの保育なのです。**

子どもをリスペクトするということは、子どもの気持ちや要望などをていねいに聞き取り、できるだけそれにていねいに応答することです。ていねいな保育をおこなうと言ってもいいわけですね。それは、一人ひとりの子どもの気持ちに応答することです。だとしたら、一斉に同じことをさせるかつてのやり方は、子どもの権利をあまり大事にしていない保育だということになります。**一人ひとりの子どもの気持ちを聞き、その子が今一番やりたいことを、できるだけ思い切ってやれるようにしていく保育が望まれています。**

「うちの園の子どもの権利宣言」をつくろう

さて、最後に三つのお願いです。一つは、各園で子どもの権利条約について学ぶ機会を**ぜひつくっていただきたいということ。**

子どもの人権に関して、園でやってほしいこと

❶子どもの権利について学ぶ機会を作る。
子どもの気持ちも聞かず、一方的に完食を強いる保育はしたくないね。
ぼくらの園では「子どもが気持ちを伝える権利を持っている」って言えるかな。
❷子どもの権利尊重のための具体的な保育を考える。
❸どんな権利を持っているかを宣言する。

そのうえで二つ目に、各園で「子どもの権利を大事にするというのは、こういう保育をすることだよね」という内容を具体的に考えてほしいのです。「ていねいな保育をする」とか、「一人ひとりの子どもの気持ちに応じた保育をする」とかですね。もっと徹底していくと「一斉に食事をしないで、それぞれ子どもがおなかが空いたときに食べる」という園さえあるんです。それが一番いいかどうかは別として、子どもの気持ちを徹底して大事にしていくと、もっといろいろな保育の形が出てくると思います。

そのうえで、三番目にお願いしたいことがあります。自園で子どもたちがどのような権利を持っているか、その権利の中身を考えて

ほしいのです。カナダの小学校では、子どもたちは「この学校では、生徒たちはみんな誰もがわかるまで教えてもらう権利を持っています」とか「誰もが性別や民族、宗教といったものによって差別されない権利を持っています」などと書かれたハンドブックを渡されるのだそうです。日本の学校には、そういうものはないですよね。子どもたちの持つ権利を書いたものを子どもに渡して「だから自由に質問していいんだよ」というようなオリエンテーションはないですよね。

私はそれを変えていきたい。幼稚園、保育園、こども園で「私たちの園では、子どもたちは全員○○の権利を持っています」と宣言してほしいのです。それを入り口に貼りだして保護者に見てもらい、説明する。また、その視点に基づいて、保育を自らチェックして、総括し、見直していってほしいのです。そんな私からの提案をして、今回の講義は終わります。

子どもにも「子どもの権利」を伝える

こどものけんり
パクパクおばけ
「言っていいの？」
「いいんだよ。
言わないと、キラキラパワーが
食べられちゃって、キミたちも、
パクパクおばけになっちゃうよ」

事前の打合せで汐見先生から「子どもたちにも子どもの権利を伝える機会を」という話があったので、紙芝居を作ってみました。子どもの遊んだり、泣いたりする権利（キラキラパワー）を奪って食べるおばけがいて、子どもたちを追い込んでいく物語（ちょっと怖いお話で、作りながら、自分で涙が出てくるという……）。

最後は、子どもが「遊びたいの！」「泣きたいの！」と叫ぶところで魔法がとけますが、実はこのおばけ自身が、権利を奪われておばけになっていたというオチ。自分の人権が守ってもらえないと、人の人権を守ろうとする人には育たない、そんなメッセージを込めました。

この紙芝居、そのうち清書しますが、先生たちも、子どもに人権を伝える絵本を作ってみてはどうでしょうか？　きっと深い学びになると思いますよ。（おおえだけいこ）

第九講

非認知能力

～遊びのなかで
豊かに育まれてきた心身の力～

11月

今回は、最近よく使われるようになった「非認知能力」について一緒に学んでみたいと思います。「非認知的能力」と言ったりもします。英語でもいくつかの呼び方があって、まだ定まってないのです。概念としてできあがりつつあるところで、提唱している人たちのなかにもいろいろな言い方があったり、その中身も微妙に違ったりしています。一般的には「非認知能力」あるいは「非認知的能力」で通っていますので、今日はそういう言い方にしました。今日のテーマは、この非認知能力とは何かを、もう少し正確に理解しようということです。

非認知能力が着目されるようになった理由

非認知能力が大事ではないか、と言われるようになったきっかけの一つは、一九八〇年代に子どもたちの育ちが心配になってきたことと重なります。

このころは、中学校が全国で荒れに荒れました。百年後の歴史家が日本の子ども史を書くときに、最も書くことが多い時代かもしれません。十三、四歳の子どもたちが学校中のガラスを全部割って回ったとか、ダストシュートのなかに生徒を逆さまにぶら下げて遊んでいるとか、トイレに頭を突っ込ませて水を流しながら「飲めよ！」なんてやったりとか、そんな荒れ方をしていたんです。

それを収めるために、学校は校則をものすごく厳しくしたんですね。そうすると今度は、すさまじい「いじめ」が始まったわけです。いじめが起きてきたのは、八〇年代の初めからなんです。いじめが広がっていくと、ああいう学校には行きたくないということで、登校拒否、今は不登校と言いますが、そういう子どもたちがわっと増えてきて、一挙に十万人を超えてしまうような数になりました。

八〇年代は、学校の生徒たちの荒れ、厳しい校則、そしていじめ、登校拒否という問題が一挙に噴き出た時期なんです。それらを議論しているうちに、子どもたちの育ちに大きな変化が出てきた。自分から挑んでいかない、いわゆる「指示待ち」の子が多いと言われ

るようになりました。無気力・無感動・無関心という「三無主義」だとか、そこに無責任、無作法が加わって「五無主義」だとかいう言葉ができて、そうやって子どもたちにレッテルを貼りだしました。

教師たちの集まりのなかでも、指示待ちが多い、自主性が育ってない子どもが増えたことが盛んに議論されもしました。哲学者の中村雄二郎は、その集まりをのぞいて「教師が子どもの悪口を言うときに一番盛り上がっている」と、雑誌『世界』で批判したほどです。私は指示待ちが多くなったのではなく、子どもたちが大人の社会を見て白けていたのだと思うのですけれどね。

さて、幼児教育の世界で六領域をやめて五領域に変えたのは、こうしたことが背景にあったからです。**幼稚園や保育園の先生が子どもたちに指示を出して動かしている、これでは自主性は育たない**というわけです。

そのときに、子どもたちのなかに育てなければいけないとされた能力が、今で言う非認知能力だったのです。当時はそういう言葉では言っていませんでしたけれども。

たった一年の幼児教育によって生まれた大きな差

非認知能力が注目されだしたもう一つの理由は、アメリカでの研究ですね。特に有名なのはミシガン州のペリー小学校でおこなわれた追跡調査です。これは第五講でも触れた「**ペリー・プリスクール研究」のこと**です。

一九六〇年代、アメリカでは黒人たちが差別解消を求める公民権運動が盛んになりました。そして、ケネディ大統領の時代に人種差別を禁止する法律ができ、黒人の子どもたちも小学校にたくさん通うようになりました。

ところが、勉強に全然ついていけないんですね。当時は黒人に貧困家庭が多く、絵本の読み聞かせや、おもちゃを使った遊びなどを経験していない子どもがたくさんいました。これでは知的な能力を伸ばす準備がなかなかできないということで、黒人の子どもたちを集めた準備教育のようなものが始まりました。そうした運動のなかから「セサミストリート」のような良いテレビ番組も生まれたのですけれど、たいていは就学前に時間がないからと、詰め込み式の教育がおこなわれていました。「圧力釜方式」などとも言われたのです。

では、そうした詰め込み式の教育が本当に有効なのか、それよりも（いわゆる今の幼児教育でやっているように）遊びをていねいにさせるほうがいいのではないか、という議論のなかで始まったのが、ペリー・プリスクール研究なのです。

研究は次のようにおこなわれました。黒人の子どもたちを知能指数や親の収入などを考慮して二つのグループに分け、その片方のグループの子どもたちを三・四歳児が通う幼稚園であるペリー・プリスクールに通わせました。実験的な研究をするわけですから、先生たちは大学院を出たような先生だけが集められます。プリスクールでは、子どもたちが自分で選んで遊び、好きなことに好きなだけ没頭させるようにしました。また、時々はグループや全体でできる遊びも教え、毎日、子どもたちが「今日はどうだったか」を振り返るようにしました。これは「ハイスコープ・カリキュラム」と言われるもので、今日でも高く評価されている方式です。そして、毎週金曜日には先生方が家庭訪問をして、家庭の相談に応じました。また、お母さんたちも月一回集まって、子育てについて勉強する機会も設けました。

そういうプログラムを何カ月かおこなった後に、そのグループの子どもをまた普通の環境に戻してしまうんです。そして、プリスクールに通わなかった、つまりプログラムに参加しなかったもう一つのグループと比較して、幼児教育を受けたことがどのような影響を与えるかを追跡調査しました。子どもたちは現在、五十～六十歳代になっていますが、今でも調査は続いています。

そのなかで、彼らが四十歳になったときの研究発表が世界中で注目されました。二つのグループの平均の給料は、プリスクールに通ったグループは二千ドル、通わなかったグループは一六〇〇ドルぐらいとだいぶ違った。持ち家率も、通ったグループのほうが二〇パーセントぐらい高かったのです。

一方、生活保護を受けている割合は、プリスクールに通わなかったグループのほうが二〇パーセント以上高くなりました。犯罪で五回以上捕まった率も二割以上高かったのです。プリスクールでプログラムを受けたグループは良い結果に、受けなかったグループは悪い結果になった。それはどのような指標においてもそうだったのです。

この二つのグループの違いは、たった一年弱、ていねいな幼児教育を受けたかどうかだけでした。

この研究に着目したのが、シカゴ大学のジェームズ・ヘックマン教授です。労働経済学者で、二〇〇〇年にノーベル経済学賞を受賞した人です。彼は次のように考えました。

「二つのグループの子どもの知能指数は、最初こそ差が出るけれども、その差は成長するにつれてなくなってしまうことがわかった。なのに、給料や持ち家率、生活保護を受ける率などに違いが出るのはなぜか。それは、**困難があっても自暴自棄にならない、自分の感情をコントロールする力が幼児教育によって育っているからではないか**」と。そしてそのときに「**非認知的な能力が違うのではないか**」と言ったのです。

二十一世紀は非認知能力の時代

非認知能力が注目されるのには、また別の背景があります。経済協力開発機構（ＯＥＣＤ）は、独自に二十一世紀の知性についての研究を熱心にやってきました。ＯＥＣＤは人間がどうしたら幸せになれるかを、ものをつくったり買ったりする経済、つまりエコノミーの方向から研究する組織です。エコノミーの語源は、オイコスノモス（家政学）であることから、家庭をどう経営していけばいいのか、子どもがどうしたら幸せになれるかも経済学のなかに入ると考えます。だから、ＯＥＣＤは経済団体だけれども、常に教育のことを考えているんですね。人間がどのように育てば幸せになる力を得るのか、その力は家計

OECDの考える社会情動的スキル（2023年の研究報告書より）

❸他者との関わり
❻その他の能力
（自己効力感など）
❺協調性
（楽観性、共感など）
❶目的の遂行
（持続性など）
ここに恐竜の骨が埋まってるんだ。一緒に掘って！
これでやればっ？
やだ。これ、作ってるの
きのうから掘ってるよね
「やだ」か〜…まあいいか
❹感情の調整
❷開放性（創造性）

を運営していく基礎の力だ、というわけです。

ＯＥＣＤは、学力のような認知能力を高めるだけではなく、たとえば好奇心が豊かであるとか、失敗しても簡単にめげないで学べるとか、感情を上手にコントロールできるとか、そういった力も大事であり、それを「非認知能力」と呼ぼうとずっと呼びかけていたんです。後にこれを「社会情動的スキル」と言うようになりましたが、いずれにしても非認知的なスキルは、人間が社会で上手に生きていくには大事なんだと提案したのです。

さらに欧米のリーダー研究からも非認知能力の重要性が提唱されてきました。有名なのはアメリカ国務省が要請した研究です。仕事力が高く、人間として信頼されるのはどのようなところから生まれてくるのかを、ある大学に依頼して研究したのです。国務省にはハーバード大学やプリンストン大学だとかの、高い評価を受けている名門大学出身者がたくさん働いています。でも、長く働いているとその仕事ぶりや、周囲からの信頼度というのは学歴には比例しないんじゃないかと、人事課の人たちは思い始めたんですね。それで調査を依頼した。そうしたら、**仕事力のある人は、知能指数よりも感情をコントロールする、あるいは情動をコントロールするエモーショナル指数「EQ」が高い**ことがわかってきたのです。このEQが今で言う非認知的な能力に当たるわけです。

このように、二十一世紀に入って、日本でも、それから世界のさまざまな研究でも、非認知能力の大事さが共通して指摘され始めました。二十世紀は認知能力の時代だったかもしれませんけれど、**二十一世紀は認知能力と同時に、あるいはそれ以上に非認知能力が大事な時代だ**ということになってきたのです。

では、非認知能力とは、どのような能力なのでしょうか。実はこの定義は学者によっても、あるいは提唱している団体によっても少しずつ違うんです。それもあって意外と論議されていないのですけれど、こうした力を意識的に育てなければならなくなったのは、**社会と文化の変化の影響が大きくなっている**からです。今、世界中の教育改革はこの非認知能力をしっかり育てる方向に変わってきています。ということは、社会や文化の変化の影響が間違いなく反映されているということになります。

たとえば、松下幸之助《まつしたこうのすけ》や本田宗一郎《ほんだそういちろう》といった、日本で大きなモノづくりの企業をつくってきた人たちを見てみましょう。松下さんは尋常小学校の四年生までしか行っていません。本田さんも尋常高等小学校（今でいう中学校）までです。そういう人たちがどうして今に残る大きな会社をつくることができたのか。渋沢栄一《しぶさわえいいち》もそうです。明治から日本を担ってきた人のなかには、帝国大学卒業の人もたくさんいましたけれど、渋沢は学校を出たわけではなく、徳川家に仕えた武士ですよね。そういう人が資本主義を日本に定着させた。福澤諭吉《ふくざわゆきち》も官僚にはならずに、産業界のために新しい人材を育てるための養成場を作った。それが慶應義塾なんです。福澤の婿養子になった福澤桃介《ふくざわももすけ》は電力会社をつくって活躍しました。彼らも学歴で生きた人間ではありません。

では、こういうかつての日本人たちは、どんな能力が高かったのでしょうか。そのことをちょっと写真を見ながらお話ししていきたいと思います。

昔の子どもたちが遊びから得ていたこと

さて、写真❶は私が仲間とともにつくっている雑誌『エデュカーレ』の表紙に使おうかと思っていた写真なんです。この子どもは、木の葉を取りたいと思ってこの木に登ったんでしょうか。この体のしなやかさや動き。ちょっと前までの子どもたちは、こうやって木に登って遊んでいました。

写真❷は桐朋学園小学校の校長と桐朋幼稚園の園長を長く務めていた宮原洋一さんが撮って作った『もうひとつの学校』(新評論)という写真集からです。一九七〇年前後の東京や川崎あたりの子どもたちを撮影したものです。当時の子どもたちは、こうやって外で遊んでいました。だいたい一歳代の子どもたちなんでしょうけれども、外でままごとごっこをして遊んでいるのを、近所のおばあちゃんが見てくれています。「砂場にまさる遊具はない」とよく言いますが、大しておもちゃがなくても、いくらでも遊べました。子どもたちが外で群れて遊んでいたということを、ちょっと覚えておいてください。

写真❸は、原っぱで遊んでいる子どもたちです。鉄条網の中に入って調子良さそうな顔

写真❶提供：日向なないろ保育園　写真❷❸撮影：宮原洋一

をしているのは、たぶん小学一年生ぐらいの子どもたちですよね。外に女の子が三人いて、奥の頭にリボンをつけている子は幼児でしょう。**こうして昔の子どもたちは、地域で、多人数で、群れて遊んでいたのです。**民俗学者の柳田國男は、子どもは必ず群れて遊び、そのなかで年上の子どもに教わり、まねて遊べるようになっていく。異年齢集団が子どもの教育集団だとして「**群れによる教育**」という言い方をしています。

だから親たちも子どもたちを群れに連れていって、「今日からこの子を仲間に入れてやってね」と頼む。そうするとリーダーシップをとっているガキ大将が「わかった」と言って、小さな子どもの面倒を見たんです。そのような習慣が日本にはありました。

それで、幼児の子どもが年上の子と遊ぶと、難しかったり、ときには遊びに入れてもらえなかったりしますね。だからそばで見ていたり、ひとりで練習したりする。でもある日、人数が足りないことがあって、ようやく遊びに入れてもらって、少しずつ遊べるようになっていった。たとえば野球をやっていて、人数合わせで未経験の小さい子が入ってきたら、その子は三振じゃなくて十振までオッケーにしようよ、なんて言ってルールを工夫しながら遊んだものです。**異年齢で遊ぶことが、横の関係だけでなく、縦や斜めの関係を豊かにした。**それが人間を育てていったんですよね。

この写真からまだわかることがあります。当時は児童公園といったものは少なくて、道や原っぱが遊び場でした。そうすると、その場にあるもので遊ぶしかないですよね。原っぱにドラム缶や板が置いてあると、それで基地をつくろうとか言って、なんとか遊ぶ。明日も続きをやろう、ロープを持ってこないと面白くないよ、とかね。

今の子どもたちは公園の遊具で遊びます。何で遊ぶかは大人が全部決めているのです。それに違反して「穴を掘ってトンネルを作ろう」「この木はじゃまだから切っちゃおう」なんてことをしたら公園課のおじさんが飛んできて叱られますよね。つまり、今の子どもたちは、大人がこうやって遊びなさいという枠のなかで遊ばされていて、それとは違うことをやろうとしても、なかなかできなくなっているのです。自由に遊ぶ手足を封じられているような感じなんです。

でもかつての子どもたちにとって、遊びとは工夫してつくり出すものだったんですね。毎回、一つの作品をつくるようなものです。だから放っておいてもアイデア力や発想力が鍛えられる。最初はうまくいかないですよ。でもすぐ諦めたら遊べないから試行錯誤する。だからやりくり力、試行錯誤力、工夫力が遊びのなかで知らないうちに育っていくんですよね。もちろん人によって育ち方が違うかもしれないけれど、全体としてはそういう状況で遊んでいたんです。

写真❹は川崎のごみ捨て場の写真です。当時ごみがようやく回収されるようになって、集めて燃やすごみ焼却場が建設されはじめました。住民の反対運動なども起きましたが、子どもたちにとっては楽しい遊び場でした。これは家をつくって遊んでいるわけですね。煙突まであります。そうやって遊びを自在にやっていたのが当時の子どもたちでした。

写真❺は当時少しずつつくられ始めた児童公園の写真です。鉄を溶接しただけの無骨な滑り台がありますね。でも小学生は何回か滑ったら面白くなくなるから、滑り台の上から裸足になって飛び降りる遊びを編み出したわけです。下に小さくマットが置いてあるのが見えます。マットまで飛び降りる単純な遊び。ただしルールがあって、マットがだんだん遠くになるんです。「もうちょっと向こうにやったら飛べるかな」「思い切って向こうへ飛び出さないと手前に落っこちちゃうよ」なんて言ったりして、子どもたちが遊びをつくり出していた様子がわかります。

写真❻は当時、あちこちにあった自動車のスクラップ工場ですね。子どもたちにとっては大事な遊び場でした。車の天井に登って「義経だー」なんて言っているのかな。今の子どもたちがなかなかしないような遊びを、当時は当たり前にやっていました。

写真❹❺❻撮影：宮原洋一

出典：原賀隆一『ふるさと子供　遊びの学校』

上のイラストは原《はら》賀《が》隆《りゅう》一《いち》さんという方が自費出版で出した『ふるさと子供　遊びの学校』（クリエイト・ノア）という本から引用しました。昔の子どもたちはこうやって遊んでいたんだということを伝える本です。英訳されていて外国にも広がっています。この絵も原賀さんが描かれたものです。

右の「ミノ虫ごっこ」は、ゴザで袋をつくって、木に登って枝のところで縛り付けて自分が入って、それで「あっちミノ虫」と言って吹き矢でやりあいをするという遊びです。

左は「川野球」です。夏は暑いから川で野球をするんです。ベースからベースまで泳いでいかなきゃいけない、面白い遊びです。男の子も女の子も一緒になってやっています。

間違いなく体力がつくし、体がしなやかになりますよね。子どもの運動能力は一九八五年を境に低下してきているのですが、そんなの当たり前だと思うんです。前はこんなことをして遊んでいたのですから。

原賀さんの本には、東京オリンピックで活躍した体操選手をまねて、竹を削って組み合わせて人形をつくる「体操ロボット」が紹介されています。だから、遊び道具も自分でつくっていたんです。私も小学校に入るころには肥後守《ひごのかみ》といって小さな折りたたみナイフをポケットに入れて遊んでいました。それでブリキの缶詰のカンを切って羽根をつくって、かまぼこの板で枠をつくって電池を入れ、モーターを買ってきてミニ扇風機をつくったりしていました。「いいなー」と友だちに頼まれて何個もつくったりしました。そんなことを当たり前にしていたんです。それを思い出すと、今の子どもがどれだけ不自由にさせられているかを、身に染みて感じます。

非認知能力を構成するさまざまな力

さて、こうした生活のなかで、子どもたちにどういう力が育ったと思いますか？　たとえば能動性、意欲、挑戦心、大胆さ、好奇心。これらは**心の力**と言ったらいいでしょうね。それから手先の器用さ、筋肉のしなやかさ、筋力・バランス力、神経の働きの良さといった**身体系の力**が育ちました。

それから工夫力、アイデア力、思考力と試行錯誤力、失敗しても頑張る「レジリエンス」、感情をコントロールする力といった**問題解決型・実践型の力**が身に付いた。そして相談力、協同力、コミュニケーション力などの**対人関係力**も育っていきました。**実はこれら四種類の力を非認知能力と言っているのです。**

少し前の子どもたちは生活のなかで非認知能力を身に付けたのだけれど、今はそういう生活がほとんどなくなりました。たとえば昔はクーラーがないから、暑さをしのぐ工夫をしました。でも生活が楽になってくると人間が努力する必要がなくなるし、工夫する力を育てなくてもよくなってきたのです。

ただし先ほどの研究事例のように、社会でいい仕事をしている人たちは非認知能力が高い人です。**だとしたら非認知能力を意識的に育てるしかない、**ということになってきたのです。

世界の教育をリードしようとしているOECDは、はじめから人間の能力を「認知的

な能力」と「非認知的な能力」に分けて、後者を「社会情動的なスキル」と命名しました。そして認知的な能力（ものごとを認識するための働きのことで、実際には学力と近いものになります）も大事だけれど、もう一つの「情動」、つまり面白いとか、おいしい、悔しいといった強い感情をいい方向に自己調整できる力、つまり落ち込まないようにする力や、心を上手に前向きにする力も大事なんだとしました。それが「社会情動的スキル」です。別のところでは非認知的スキルのことを「社会情動的コンピテンス」という言い方もしています。「情動的」は「情緒的」と訳されることもあります。

東京大学大学院教育学研究科の遠藤利彦《えんどうとしひこ》さんたちのグループは、OECDが言う社会情動的コンピテンスは、次頁の上の図の円のように三つの部分が合わさったものだとしています。「自分」をわかる力、「他者」が今何を考えてどういう感情を持っているかをわかる力、そして「自分と他者の関係」をコントロールする力、この三つの力を合わせて社会情緒的スキルなのだと。

その下の表は、東京大学大学院教育学研究科の紀要の論文を元に作成しました。この表にあるようなたくさんの力をまとめて非認知能力と言っているのです。それぞれの力一つをとってみても、育てようと思ったらていねいな教育が必要です。

社会情緒的コンピテンス

【自分に関する領域】
・自己概念、自己意識
・セルフコントロール、自己制御
・自己効力感、自尊感情
・感情特性、感情制御
・ストレスコーピング、
　レジリエンス
・動機づけ　など

【他者に関する領域】
・他者の感情、意図、信念の理解
・他者の視点や立場の理解　など

【自分と他者や集団との関係に関する領域】
・共感性、向社会性、感情表現
・コミュニケーション
・親子関係、アタッチメント
・教員との関係
・友達との関係　など

具体的な非認知能力の例

非認知能力の名前	具体的な非認知能力
自己認識	やり抜く力、子供が自分の能力を信じる。自己肯定感がある
動機づけ・意欲	学習志向、やる気がある、集中力
持続力・忍耐力	あきらめない、粘り強い
自制心	自分のルールを守れる。自制心がある。勤勉
メタ認識	目標を決めて計画を立て、問題を把握・解決しながら前に進められる。客観性
社会的能力	リーダーシップ、他の人と対話・協調性
回復力・対応力	楽天的、失敗しても悩まない、失敗から学べる
クリエイティビティー	創造力・直感力がある、工夫できる

西田ら「非認知能力に関する研究の動向と課題」
東京大学大学院教育研究科紀要 vol58 2018 をもとに作成

これを見ると非認知能力にはさまざまな能力が含まれることがわかると思います。昔は生活のなかで培うことができた力だけれど、今これらを育てていくのは、そう簡単なことではありません。だからこれからは「非認知能力のどの部分をどのように育てていくか」と意識的に考える姿勢が我々のほうに要求されるのだと思います。では、これらをどう育てていったらいいでしょうか。

非認知能力が育つ環境づくりのヒント

非認知的スキルの大部分は、以前は地域での自在な遊びのなかで身に付けた力です。だとしたら、保育園や幼稚園、こども園で、昔の子どものように好きな遊びを、好きな仲間と一緒に、好きなように展開して、失敗しても自分たちでやり直すことを励ましていく、そういう保育、教育にすれば育てていけるのではないでしょうか。

先生が「今日はこれで遊ぶよ」と子どもたちを引っ張っていって、その通りにできたらほめてあげる、というのとはちょっと違いますよね。昔だったら、遊びを大人から指導されて遊んだ子はいません。どうやって遊ぶかを自分たちで考えました。自分たちで考えるから、いろんな力が育つわけです。

それと同じことを保育のなかでもやればいい。結果を出すことを大事にする保育ではなくて、一人ひとりの子どもたちが、「これしよう」「あれやってみたい」と自ら積極的に選べる環境をていねいにつくっていくことです。

たとえば部屋の中だったらどうでしょう。ブロックでいっぱい遊べるコーナーとか、いろいろな絵の具で自由に塗ったり染めたりできるコーナー、太鼓のような楽器をつくって鳴らせるコーナー。そういう場所が園の部屋の中にたくさんある。つまり保育室が一つのアトリエになっていて、子どもたちがワイワイやっている。そんな「遊びたい」と思わせる環境が上手につくられているといいですね。サッカーをやりたい子は外でサッカーをしてもいいし、粘土でいろんなものをつくりたい子は大量の粘土がどーんと置いてあるような、そういう環境をつくっていく。

そして子どもが挑み始めたら、大人はそばにいて応援してあげる。失敗するだろうな、と思ってもすぐに手を出して援助するのではなく、子どもたちが試行錯誤しながら何度も何度も失敗するのを上手に応援してあげてほしいんです。

子どもたち自身に上手に失敗させてあげると言えばいいでしょうか。「先生と一緒にやってみようか」「こういうふうに使ったほうがいいと思うよ」という程度の応援はするけれども、子どもが「自分でやったんだ！」という気持ちになれるような、そういう創作活動や遊び活動をていねいに保障していってほしいのです。

結果を出すことを重視するのではなく、その結果に至るプロセスをどう充実させてあげるかということですよね。先生の指示でやらせ、できたらほめるという昔のやり方だと、プロセスを子どもが自分たちで充実させることができなくなってしまいます。やり直してみたり、もう一回考え直してみたり、みんなで議論して決めたりという、プロセスを充実するなかで育つ力が非認知能力なんだと思っていただきたい。だからこそ保育の考え方ややり方を、かなり変えていかなければならない、ということですね。

園は、非認知能力の育ちをどう応援する？

自己効力感を上げるための環境がある。
あー もう、ムリ
よ〜し私も全力で手伝っちゃうかな〜
遊びが停滞したら先生が仕掛ける。
先生がやるなら私も…
目的の遂行（持続性）を応援しよう！

非認知能力（社会・情動的スキル）。本講でも触れられたとおり、多くの研究者がさまざまに議論していますが、海外でも同じ。いまだに「これ」という定義がなく、世界中が右往左往している印象です。

ＯＥＣＤでは、エビデンス（科学的根拠）が確認できた項目を提示し始めています。２０５ページにあげたのがその一部です。ただ、エビデンスに関係なく、どの項目も、保育の中で大切にしてきたものですよね。実際にはその「大切にする」さじ加減が難しいんだけど、先生たちはやはり、右往左往しながらも、うまくやっているんだと思っています。（おおえだけいこ）

今日は掘れなかったけど、別の遊びにした（創造性への刺激）

第十講

保育のアセスメント

～子どもの成長をどう捉えていくべきか～

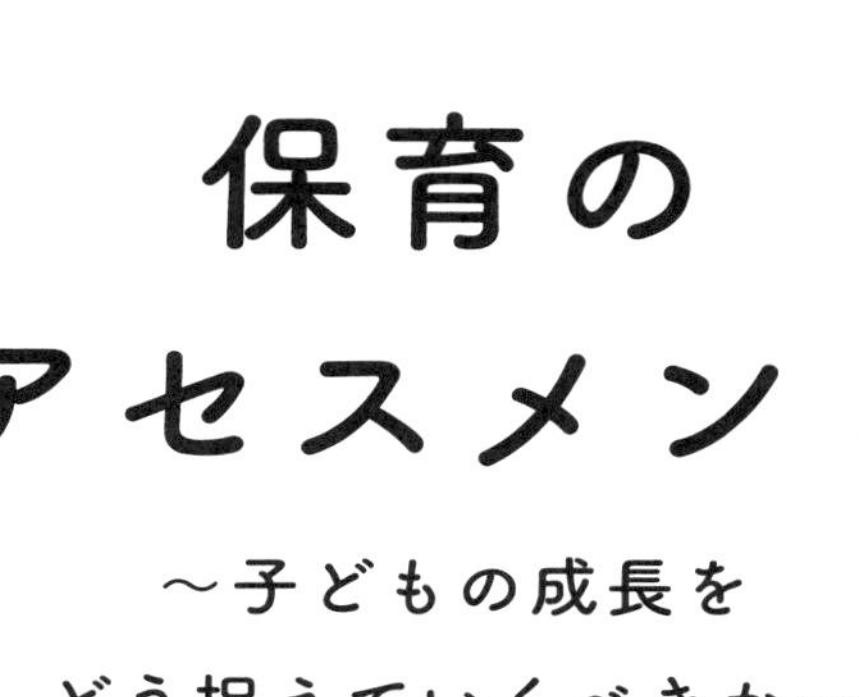

今回のテーマは「保育のアセスメント」です。保育の「評価」と言ってもいいのですが、私は「評価」よりも「アセスメント」というほうが保育にはふさわしいと思っているんです。評価とアセスメントとでは、日本語と英語の違いという以上に、意味がちょっと違うんですね。そのあたりから皆さんと一緒に考えていきたいと思います。

一般的には「アセスメント」とはお医者さんが患者さんを診たときに、どこが悪いのかを特定するためにおこなうことを指します。問診をしたり聴診器をあてたり、血液検査をしてみたりしますね。病気がすぐにわかる場合もあれば、何回か検査しないとわからないこともあります。データや問診で既往歴などを聞いて病気を特定していき、治療のメドを立てていく。看護師さんも厳しくアセスメントを要求されます。患者さんの様子、家庭の

12月

「アセスメント」って聞いたことある??
保育
アセス

要望、本人の希望、病気の特徴などをもとに、患者理解をして看護の方針を大まかに立てることをします。こういう経過をアセスメントと言います。カウンセラーの場合は、さまざまな心の悩みを抱えているクライアントに対して、どのようなことが原因で苦しんでいるのだろうかというメドをつけるために、いろいろなことを聞いて治療方針を立てていきます。

だからアセスメントというのは、学校で先生が生徒たちの評価をするために試験をすることに比べて、はるかに広い含みを持つ用語なのです。ちなみに語源となったラテン語では「患者さんのそばにずっと付いていてあげる」という意味があるそうです。

一方で、日本語で「評価」というと、成績の評価、素行の評価など、積極的な感じはあまり伝わってきません。誰だって人に評価されるのは気持ちのいいものではない、できたらしてほしくないような感じの語です。

ですから保育を「評価する」と言ったのでは、子どもたちの育ちを見守りながら応援していく私たちの仕事がどうも浮かびあがってこない感じがするんです。それなら「アセスメント」のほうがずっとよい感じがします。

なぜ保育にアセスメントが必要なのか

さて、詳しくアセスメントの話をする前に、なぜ保育にアセスメントという営みが必要なのかを確認しておきたいと思います。**保育は広義の「教育」、すなわち「意識的な人育て」です。**子どもたちは活動や遊びのなかで、いつの間にかたくましくなったり、上手にできるようになったりする。あるいは、家の仕事を手伝っているうちに器用にはさみや包丁が使えるようになったりします。でも、それだけでは必ずしも「教育」とは言いません。学校が十分にない江戸時代でも人は十分に育ってきたわけで、生活のなかで自ら育っていきます。でもそれは必ずしも教育とは言えない。明治になり、学校というものが正式にできて、そこで国民としての自覚を持つ人間になるようにと意識的に育てていったのが「教育」なんです。ですから私は、**何らかの意識性があり「こういう人間になってほしい」と思って育てていく営みを広く教育と言いたい**と思います。

私たちは保育という営みのなかで、遊びや創作活動を通じて何かを育てようとしているのであり、遊び自体が目的であるわけではないですね。するとそこには必ず二つのことが条件になります。

一つは、目的や目標を持っておこなっていることです。子どもに対して、こういう人間になってほしいという目的があるから、ほめたり叱ったりするわけです。

二つ目は、目的や目標に照らして、うまくいっているかどうかを判断し、修正を繰り返すことです。これを絶えず繰り返すことにより、より目標に近づいていくわけです。これは常に意識されているとは限らず、むしろ大部分が無意識でやっていることなのですが、このことを私たちは一般に評価とかアセスメントと言っています。

あらかじめ申し上げておきますと、私たちの多くは、どういう目標を持って保育しているかをはっきり自覚してるとは限らないんです。この問題が大きいんですね。私は保育の質を上げるためには、私たち自身がどういう目標、どういう人間像を持って保育しているかを自覚することが大事だと思っています。そして実は、上手なアセスメントは私たちの目標を自覚させる効果があるんです。逆に、目標像が自覚されないようなアセスメントはまずいということになります。

つまり、目標に照らしてそれが子どもの中に実現しているかどうかを知ることがアセスメントの目的なのです。ですから、保育・教育が「意識的な人育て」を主張する限り、目標を自覚することと、その実現の度合を判断すること、そしてそれに基づいて修正を繰り返していくことは不可欠だということになります。ここはぜひ覚えておいてください。

チェックリスト方式の落とし穴

では、保育のアセスメントはどうすればできるのでしょうか。

従来おこなわれていた評価は、チェックリストに基づいたやり方でした。「◯◯ができていますか？」という項目を細かにつくり、表にしていきました。この項目がすべて合わさると目標に近づいていることになります。イギリスなどでは国をあげていろいろな分野のチェックリストをていねいにつくっています。これはこれで役に立つし、今までは一般的なやり方でした。

ところが、チェックリスト方式にはいくつかの課題があるんです。それは主に、保育者の保育の是非に評価が集中してしまい、子どもたちの育ちについての評価が難しくなるということです。たとえばチェックリスト方式では「子どもがご飯を食べないときに無理に食べさせていないかどうか」とか、「午睡時になかなか寝ないときに運動させたかどうか」

とかの項目がつくられますが、そういう形で保育者の保育のあり方に対する評価が集中してしまいがちなんです。

「スキップはできますか」「何歩ぐらい歩きますか」といった項目で子どもの育ちを評価することもできるんじゃないか、と思われるかもしれませんが、それは○○ができるようになったかどうかの結果だけを見る評価ですよね。でも実際には「コマを回せるようになった」というだけでも、**どういうふうにして回せるようになっていったのか、プロセスが一人ひとり違うわけです。また上手くできないときの乗り越え方の質や、パターンも違います。**「こうやったらできた！」と自分で発見したら、それはその人の体に染み込んだ技になり知恵になっていくけれど、そうした工夫力みたいなものはチェックリストではうまくチェックできません。現在の保育は「○○ができるようになった」という結果では評価せず、何かに取り組んでいるプロセスを通してその子が身に付けているものを評価する方向になっていますが、その細やかな機微が評価できないということなんです。

そこで、評価の仕方を思い切って転換してみたらどうかという考え方が出てきました。いくつもの国でそうした提案がおこなわれてきましたが、その一つがイタリアのレッジョ・エミリア市でおこなわれているような「ドキュメンテーション的評価」です。写真や動画にキャプションを付けて、「こういうことをしたら、〇〇ちゃんの顔色がこんなに変わりました」などと説明を加えて子どもの育ちを評価していく方法ですね。このドキュメンテーションは日本でもずいぶん広がってきました。

ニュージーランドの「ラーニングストーリー」

ここで皆さんに紹介したいのは、世界的に有名な保育指針「テ・ファリキ」をつくったニュージーランドの「ラーニングストーリー（学びの物語づくり）」というアセスメントの方法論です。その理論的代表の一人となっているマーガレット・カーさんの著書『Assessment in Early Childhood Settings』（邦訳『保育の場で子どもの学びをアセスメントする「学びの物語」アプローチの理論と実践』マーガレット・カー著、大宮勇雄・鈴木佐喜子訳、ひとなる書房）に基づいて要点を見ていきたいと思います。

まずカーさんは、「今までのアセスメントは小学校入学時に有能とされるスキルをチェックする目的でおこなわれてきた」と言います。計算ができるかとか、文字がいくつか読めるだとか、そういうスキルを身に付けているかどうかをチェックするためにアセスメントをしていたというのです。でも、これは今の時代に合わない。そうではなくて、子どもたちが一生、自ら貪欲に学び続けるような、学びの主体となっているかどうか、そういう学びを促すためにアセスメントをすべきなのだと強調しています。

そしてカーさんは、乳幼児期に大切な学びの成果について、「今までは断片的で文脈のばらばらな知識やスキルを身に付けることだったけれども、そうではなく、学んでいくための心身の構えをつくることを成果とすべきなのだ」と考えました。たとえば、ある子どもが何か知りたいと思ったときに、自分で調べてみるとか、みんなに相談を持ち掛けてみるとか、その子にとって必要なスキルを自分で身に付けていくという、いわば「学びの構え」を幼児期に育てることができれば、その子は一生、自足的な学び手になる。だから乳幼児期の学びの成果としては「学びの構え」をつくることが最も大事なんだと言っています。

ニュージーランドでは、幼児教育から小中高大に至るまでの教育目標が「ライフロングラーナー（一生学び続ける人間）に育てること」ということに統一されていて、乳児期から大学生になるまでずっと同じ目標でカリキュラムがつくられているんですね。その一番最初が乳幼児期だというわけです。そしてその学んでいくための構えができているかどうかがアセスメントの対象となるのです。

さらにカーさんは、今までは「できない」ことをできるようにしていくのが保育者の仕事でしたが、今はむしろ子どもが「できる」ことをどんどん伸ばしていく、子どもの学びの構えをより意識的に育んでいくのが保育者の仕事だと言っています。

時代の変化のスピードが速い現代は、十年前に学んだことが必ずしも社会で役に立たないことがあります。ましてや二十年前に小学校や中学校で学んだ知識が、社会に出たときに役立つようなことは、ほとんどあり得ません。ですから、個別のスキルや知識を身に付けるよりは、自分で柔軟に学び続ける、そういう姿勢＝学びの構えを育てることが大事だと言っているのです。そしてそこに上手に介入していくのが保育者の仕事なのだ、と。

カーさんの主張を続けます。今までは客観的な観察、つまりチェックリストを見ながら「できている、できていない」と、いわば傍観者的な観察でチェックしていましたが、これでは子どもたちの本当の気持ちは保育者にはわかりません。大事なのは、観察されたことを解釈し、「これはこういう意味があるんじゃないか」「こういう意味の行動をしているんじゃないか」と意味を見つけることですよね。それをみんなで出し合って議論して合意していく。それがアセスメントの基本的な方法になるとカーさんは言っています。

そして、これまでは子どもの成長とは計算力や読解力といったようなスキルを蓄えることだと考えられていた。でも今は、子どもたちが好奇心を持って何かに参加していくことで、できることのレパートリーが増え、複雑になっていくことが成長だと言っています。参加とは、たとえばものを作ったり、「こういう遊びをやろうよ」と遊びの世界に没頭していくこと。あるいは「もっときれいなのを作ろう」とアートの世界に入っていくこと。もっと調べてみようと図鑑で一生懸命調べていくこと。そういった行為をすべて「参加」と言います。それらの行為のレパートリーが増え、かつ複雑になっていくことが人間として成長することなんだという考え方です。

そしてカーさんはアセスメントの具体的手法について、従来のチェックリスト方式ではなく、ラーニングストーリー（学びの物語）を書いてアセスメントを行うことを提唱しています。ニュージーランドでは、四・五歳児でも一人一冊のラーニングストーリーノートがあり、先生方が毎日書いています。今日どういう遊びをして、どういう製作活動をして、どういう活動をして、その結果、子どもたちの学びの世界にどういう進化が起こったのか、それを一人ひとりの物語にして書きつづっていくのです。

要するに学びは「実際は文学的な形でしか語れない」というわけです。「○○ちゃんと△△ちゃんがけんかをしたのだけれど、□□ちゃんが言ったひと言が、○○ちゃんの発想を柔軟にした」とか、「あのことによって○○ちゃんは対立しているときに、少し問題をずらした発言があると、すごく楽になることを学んだのではないか」などと、物語の形で書いていくんです。

実はニュージーランドの先生方は、毎日、子どもたち全員分の物語を書いています。だから一人一冊のそのノートは、その子の心と体と頭のかけがえのない成長記録のようなものになります。なかなか大変な作業で、家に持ち帰って書く先生も多いそうです。

もちろん、今の日本ではこれをやろうとしても不可能でしょう。ニュージーランドでは一人の先生が数人しか受け持ちませんし、それでも大変な作業なんです。ここまでやる必要があるかどうかは別として、古い教育・保育から脱皮して「学びの構え」をつくり続ける子どもを育てるための新しい保育をするには、それにふさわしいアセスメントが必要だと感じていただくための事例として紹介しました。

参考のために言っておきますと、沖縄のある園では、実際にこのラーニングストーリーをつくっています。ニュージーランドのように毎日は不可能なので、一カ月に一回ぐらいのペースでつくっているそうです。そういう意味では、一学期間の一人ひとりの子どもの「学びの物語」をナラティブで記述することは試みてもいいかなと思っています。

アセスメントの九つのガイドライン

さらにカーさんは本書のなかで、新たなアセスメントのための「九つのガイドライン」を次のように示しています。

①「アセスメントは事前に予測できない発達を捉えるものである」

子どもたちがどういう活動をするかは事前に予測できませんよね。朝、園に来て、何かを見つけて「これ作ろうよ」と友達を誘うかもしれないし、外へ飛び出していってオタマジャクシを見つけて「先生、飼っていい？」なんて聞いてくるかもしれない。つまりその子が今日は何を学び始めるかについては予測できない。でも興味を持っていくと、つまり学びの構えができていくと、どんどん貪欲に突っ走っていきますよね。そしてつまずいたときにどう応援してあげればいいかを先生方が一生懸命考える。つまり事前に予測できない発達を捉え、どう応援したらいいかを考えるのもアセスメントなんです。

②「アセスメントは学び手の視点を探求する」

一人ひとりの子どもは伸び方が違います。私は昔書いた育児の本で「親の仕事は子どもの伸び方を見つけることだ」と表現したのですが、伸び方もいろいろです。石橋を叩かないで走っていく子もいれば、石橋を叩いたら引き返す子もいるんです。何かをしているときに一緒にやりだす子もいれば、自分はやらないで一生懸命見ている子もいる。とにかく学び手は、それぞれ個性を持っていて、どういうふうに自分の興味・関心を形にしていくかは、みんな違っているんですよね。それで、あの子はどうやって伸びていくのかタイプを見つけること、これもアセスメントの仕事だと言っています。

③「ナラティブアプローチは、計測可能な指標を使うよりも学びをより的確に映し出す」

ナラティブアプローチとは、学びを物語として書くことです。チェックリストが「できている・できていない」の二分法なのに対し、ナラティブアプローチは子どもの実態に即して柔軟な言葉で書いていけますから、正確に事態を反映できるというわけです。

④「集まった観察事例を協同で解釈する」

先ほど、観察したことを議論して合意をつくると言いました。子どもがやったこと、行動の意味を「私はこうだと思う」と保育者の言葉で説明するわけです。そうすると違う先生が「いや私は逆だと思う」などと言って、意味をいろいろ解釈し始める。そのときに複数の視点があることにより、さらに実際の子どもの姿に近づいていきます。ナラティブアプローチには正解がないんです。書き手の先生の個性が出るんですけれど、そこに任せるだけではなくて、何人かの先生の個性がぶつかり合って、より客観的なところに近づけながら、個性的に解釈するのが大事だと言っています。

⑤「多くの場合、手ごたえのある活動そのものがアセスメントになる」

ものすごく面白い活動、盛り上がる活動をしていると、子どもは「こうしたらもっと面白くできる」と自分で見つけていったりしますよね。子どもが伸びていくのを見つけることがアセスメントだとすると、子どもが自分をもっと発見していけるような、手応えのある活動自体がアセスメントになるんだと考えられます。

⑥「アセスメントはそれ自体が、子どもたちの学びの構えの形成に貢献する」

「○○ちゃんって、こういうときにすごくやる気になるのよね」「だから、あの子は石橋を叩かないで渡ったときのほうが伸びるよね」「それで、後から石橋を見つけるタイプでしょう」ということを見つけて、「だからあんまり慎重にやることを強制しないようにしたほうがいいかもしれませんね」「でも、失敗したらどうするの？」「失敗から学ぶ学び方がなんだか独特なのよね」などと言いながら、私たち自身が子どもの学びの形を見つけていく。それが実際に子どもに跳ね返って、子どもたち自身の学びの構えの形成に貢献していく、そういったことを言っています。その子の学びの構えを「あの子らしい」と見ることにより、本当にその子はそういうふうになっていくということです。

⑦「アセスメントは学びの共同体としての保育の場を守り、発展させるものである」

保育を新たに学びの共同体と考えていこう、みんなで学びを支え合っていく共同体と捉えようという考え方です。学びの共同体を大事にして、さらに発展させていくためには、その場で一人ひとりが何を学び、保育者がどう応援していけばいいかを一生懸命考えていく。これがアセスメントなんだということです。それが共同体を発展させることになっていきます。子どもの発展のために、幼稚園や保育園がする最も大事なことはこのアセスメントだと言っているわけです。

⑧「アセスメントのプロセスは実践者にとって実行可能なものでなければいけない」

もうおわかりだと思いますが、**アセスメントとは、子どもについて保育者が議論しながら、そこで自分がどういうふうにサポートしていけばいいかを見つけることです。**実現が不可能なことを見つけるのではなく、私にできることを見つけていくんですよね。だからアセスメントのプロセスは実践者にとって実行可能なものでなければいけない、と言うのです。

⑨「アセスメントは実践者にとって役立つものでなければならない」

アセスメントをすることは、それ自体が保育者として成長していくプロセスなんだということでしょうか。

以上、カーさんはアセスメントについてこのような九つのガイドラインをつくっています。皆さんも、なるほどなと思うものが多いのではないでしょうか。

先ほども言いましたが、学びの物語を一人ひとりに対して毎日作成するニュージーランドのやり方は、日本のような一人で三十人も見なければいけないような条件ではできっこありません。しかし、アセスメントの仕方を見直すことが保育の方法や原理を変えることにつながるということを感じていただきたいのです。

カーさんは、子どもたちが成長するということは、興味・関心を持って参加する世界が増えたり、その参加が深まったりするということなんだと言いました。そのために一番大事なことは、学びへの構えがどう成長してきたかを絶えず私たちが子どもから感じ取り、そしてそうなるように環境をつくっていくこと。それが保育で一番大事なことだし、そのためにはチェックリストではないアセスメントが必要だと提案したのです。これは小学校に入るためのスキルが身に付いているかを見るアセスメントとはまったく違うものです。

そのアセスメントの一歩は、日頃の子どもの様子をよく観察することです。観察と言ってもチェックリスト的な観察ではなく、子どものそばに寄り添いつつ介入しすぎないことです。ＯＥＣＤの比較調査によると、日本の保育者は子どもと遊ぶ時間が世界で最も長いという結果が出ています。それは日本の保育の良さでもあるんですけれど、やりすぎると実は他の子どものことが見えなくなってしまいます。ですから、一緒に遊んだほうがいいと思うときは遊んだほうがいいんですけれども、原則としては子ども同士が上手に遊び合うように上手に配慮していくことのほうが大事です。

なぜかと言えば、人類の歴史の長い間、子どもは小さいときから大人と遊ぶのではなく、子ども同士で遊んできたからです。だからこそいろんなものが育ったんですよね。遊びを示したり教えたりするために最初は一緒に遊ぶことがあるかもしれないですが、常に大人と一緒に遊ぶことは、子どもが求めているものではないのです。

ですから、観察するときには子ども同士の遊びを共感的に観察することが大事です。そこで得た子どものいろいろなエピソードを頭に置いておいて、後でわいわい議論し、その意味を抽出してストーリー化して記録するのです。記録するのが無理だとしたら、その前の段階の「よく観察してエピソードをみんなでわいわい議論して意味を抽出し、ストーリー化する」ということなら、できるんじゃないかと思います。

アセスメントを通じて見いだすべきこと

さて今日のテーマは「保育のアセスメント」でしたね。皆さんにも、今までの評価を変えていきたいと思うなら、まずどういうアセスメントをしたいか議論して、ある程度決めていただきたいのです。そうでないとアセスメントのやり方が決まらないからです。その一例として示したのが、ニュージーランドの「学びの構え」でした。日本では「主体的・対話的で深い学び」をやろうと呼びかけています。日本でも、子ども同士が自分で選んだことを、一人だけでなく、みんなでわいわいやって学んでいく。そしてだんだん深くなっていくような学びが大事だと変わってきているのです。これができているかをアセスメントの内容にしてもいいですよね。もっと簡単に、学びへの持続的な意思が育っているかをアセスメントするとしてもいいですね。

いずれにしても、どういうことをアセスメントしたいかを、まずはしっかりと議論して決めましょう。つまりこれは、保育の目標をもう一度決めるということなんです。アセスメントは、ふだんの保育で何を大事にしているのかを明確にしないとできないのです。

そのためには、私たちがどういうときに子どもに喜んだり、どういうときにがっかりしやすいのかについて、それは本当にいいのかどうかと、背景にある無意識の目標像を次第に明確にしていく姿勢をもっていなければならないでしょう。私たちは子どもがちょっと危ないことをやるときに「危ないからやめてちょうだい」と言いがちです。でもそう思って言ったり、やったりしていることを問い直していくのです。「子どもにとっては、ちょっと危ないことをやることが面白いんじゃないのか」「そこからいろんなものに意欲的になっていくのだとしたら、危ないからやめて、と言うのではなく、そばに行ってじっと見ていてあげるようにしようか」と考えて、危ないことをするのはいけないのではなく、むしろ子どもが求めていることだという見方に変えていく。私たちがふだん、無意識に考えているような目標を洗練させていくことが、アセスメントの課題になります。だからこそ、どういうことをアセスメントしたいのかをしっかりと議論してほしいのです。

具体的には、毎日短時間でもいいので、保育園やこども園の午睡時に、子どもについての午前中の保育での発見、驚き、疑問などを自由に楽しく語り合うことをしてください。それは、子どもの行動の意味を物語にすることになります。

そのために日常の保育では、今まで以上に観察に力を入れていただきたい。先ほどカーさんの考えを紹介したとおり、古い保育では「できるようにしていく」ことが大事な目標でしたが、今はそうではなく「できることを伸ばしていく」「子どもの学びへの構えを発展させていく」に変わってきました。

できないところを見つけて「まだ、こんなことができないのよね、どうしたらいいかしら」とか「○○ちゃんは、また噛みついちゃって、どうして自分をコントロールできないのかしら」などと、だめなところをいっぱい出して、それをどう克服させるかを議論するようなことを、アセスメントの中心テーマにしないということです。

そういうことが必要なときももちろんあると思いますが、それよりも「いやいや、同じように噛みついたかもしれないけれど、間違いなく前よりも柔らかかったし、しかも噛むまでの時間が長かった。だいぶ自己コントロールできるようになった」と、ポジティブに育っている部分を見つけて、いかに意味付けていくかが大事になってくるということを頭のなかに置いていてください。そして「あの子はたぶん本当は○○をしたがっているのだと思う」というような推測をするときには、なぜそう思うのか、根拠を多様に見つけられるような力をつけていってください。それがアセスメントなのです。

そうして子どもについて発見や驚きを議論しながら、子どもが願っていることをより深く感じ取り、それに応えられるような環境づくりを考え、相談しながら次の保育のために準備していってください。

環境づくりとは、物理的に特定のコーナーをつくることだけではないんです。大事なのは、保育者がどういうふうにそのときに対応してあげたらいいのかを考えることです。

「やっぱり木工遊びがやりたいんだ」「工作できる場所はつくってあげる必要があるよね」という議論になったら、「それを園の中につくっていこうか」とか「大工さんが仕事をしているところをみんなで見に行こうか、そうすると興味が出てくる子もいるよね」などと、子どもの願いをよく感じとりながら環境をつくり、それを改善し続ける。これもアセスメントなんです。アセスメントとは、子どものことを語りながら、子どもをサポートしていくには何をしたらいいのかを私たちが見出していくことを含んでいるわけですよね。

保育園、幼稚園、こども園の先生は、環境づくりの過程を通じて、親以上にその子の将来の可能性について、知っている、感じているという関係をつくってください。子どもの日ごろの活動の意味を、ていねいに議論することによって、実はその子が将来、こういう学び手になっていくんじゃないかっていうことを親以上に感じている、そういう関係をぜひつくっていただきたいのです。アセスメントは、人間理解に保育ならではの深みをつくることなのだと私は思っています。

おおえだノート⑩

ポジティブなアセスメント

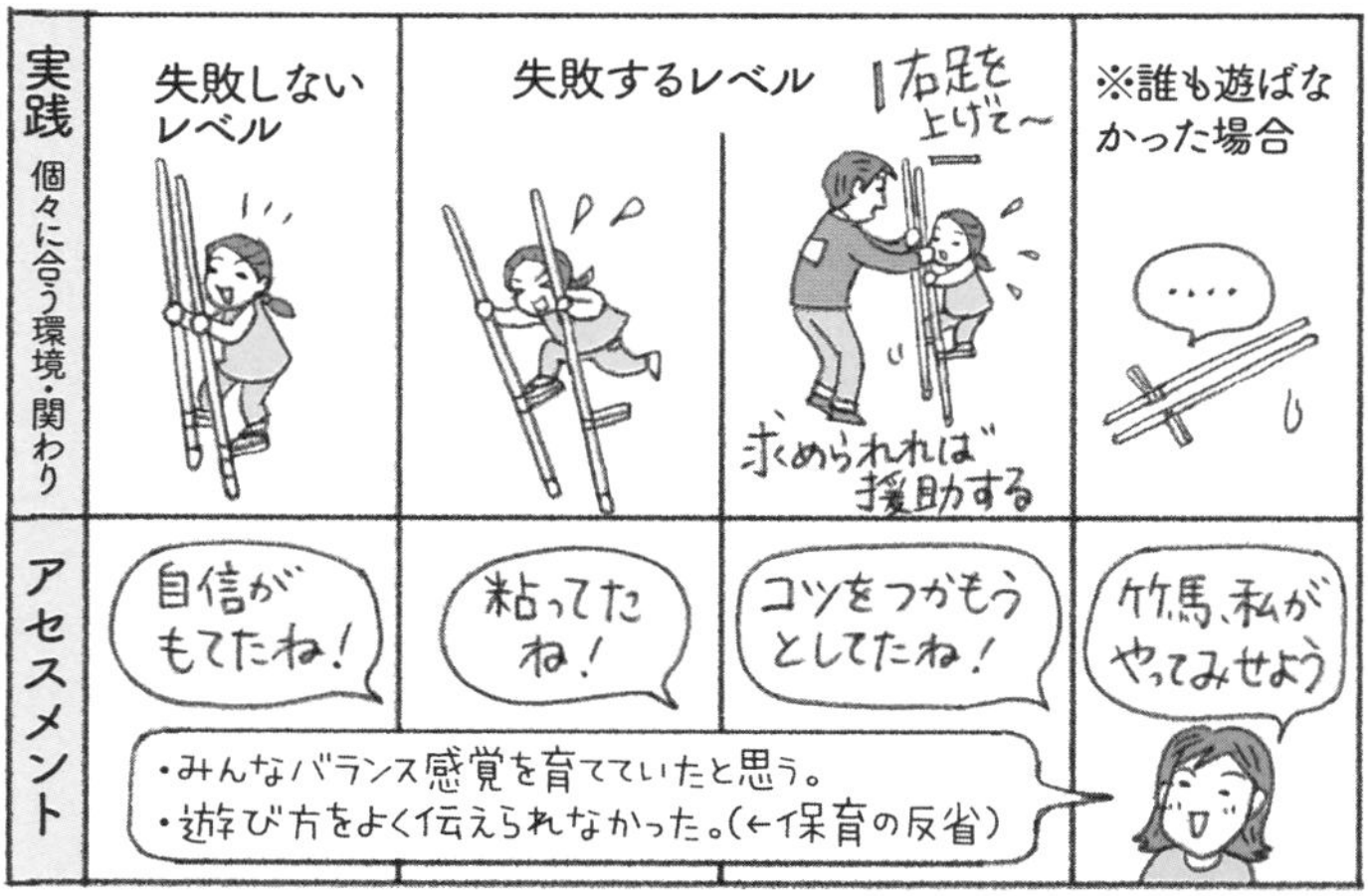
実践
個々に合う環境・関わり
失敗しないレベル
失敗するレベル
右足を上げて〜
※誰も遊ばなかった場合
求められれば援助する
アセスメント
自信がもてたね!
粘ってたね!
コツをつかもうとしてたね!
竹馬、私がやってみせよう
・みんなバランス感覚を育てていたと思う。
・遊び方をよく伝えられなかった。(←保育の反省)

いわゆる「評価」のことを、一般的に保育の中では「振り返り」と表していることが多いと思います。

「振り返りをしよう」と表現して、本講のようなアセスメントをすでに行っている園もあるようです。でも新しい言葉と出合うと、その意味を問い直し、確認することができますよね。

「本当はアセスメントという横文字(カタカナ)でないほうがいいんだけど、ほかにいい言葉がないんだよ」と、汐見先生は言われていました。世界の知見を日本に生かそうとすると、こうやって翻訳の壁がたびたび立ちはだかります。

もし、評価や振り返りという言葉を使っていたとしても、本講で語られていた「アセスメント」のマインドだけは、園内のみんなでブレずに共有できますように。(おおえだけいこ)

第十一講

保育と貧困問題

～心の貧困が子どもたちから奪うもの～

脱文化的貧困のために

1月

今回は保育と貧困問題というタイトルですね。子ども食堂の話かな、と思っておられる方もいるかもしれませんが、ちょっと違う話になります。実はSDGsの話から入っていこうと思っているんです。今、SDGsがいろいろな分野で取り組まれていますが、環境問題や資源問題を解決することだけを目指しているわけではないのです。

SDGsの第一の目標は「貧困問題」

SDGsは国連で二〇一六年に採択された「我々の世界を変革する：持続可能な開発のための2030アジェンダ」という文書に書かれていることです。もちろん環境問題も入ってはいますが、むしろSDGsは「経済を建設しようが、国家を建設しようが、教育

国連の持続可能な開発目標 (Sustainable Develop Goals)

1 貧困をなくそう	2 飢餓をゼロに	3 すべての人に健康と福祉を	4 質の高い教育をみんなに	5 ジェンダー平等を実現しよう
	6 安全な水とトイレを世界中に	7 エネルギーをみんなに、そしてクリーンに	8 働きがいも経済成長も	9 産業と技術革新の基盤をつくろう
	10 人や国の不平等をなくそう	11 住み続けられるまちづくりを	12 つくる責任、つかう責任	13 気候変動に具体的な対策を
	14 海の豊かさを守ろう	15 陸の豊かさも守ろう	16 平和と公正をすべての人に	17 パートナーシップで目標を達成しよう

貧困は
不公平や暴力、
環境破壊など、
諸悪の根源に
なりがちだネ

を建設しようが、とにかく極端な貧困が覆っていたら何もできませんよ」というように、最もベースのところに貧困問題を置いています。不平等が大変な勢いで進んでいるから、なんとか二〇三〇年までに世界で極端な貧困で苦しんでる人を救っていくと同時に、あらゆる場所でのあらゆる形態の貧困と闘うんだと書いているんです。

ご存知かと思いますが、十七の目標にはそれぞれ固有の色がついてます。なかでも貧困問題や女性差別撤廃などの一番目立たせたい目標に、目立つ赤を持ってきているんです。

なにより目標の一番目が「①貧困をなくそう」であることは知っておいてください。解説には「あらゆる場所で、あらゆる形態の貧困に終止符を打つ」とあります。二番目に「②飢餓をゼロに」、三番目に「③すべての人に健康と福祉を」となっています。生活の最もベーシックなところを保障するのが三番までの目標です。

そして四番目に「④質の高い教育をみんなに」とあります。そこには「すべての人に包摂的かつ公平で質の高い教育を提供し、生涯学習の機会を促進する」と説明があります。包摂的というのはいわゆるインクルーシブのことです。障がいがあろうがなかろうが、経済的に大変な人であろうが豊かな人であろうが関係なく、公平な教育をインクルーシブに提供しなければいけない。そしてすべて質の高い教育を提供しなくてはいけない。ここが我々には大きくかかわってくるところですね。

この四番の目標だけを取り出して、世界で実践しようとしているのがESD（持続可能な開発のための教育）です。SDGsと中身はほとんど重なりますけれども、とくにこの四番を実現するために取り組むのがESDです。ESDを最も熱心にやっているのはユネスコです。保育も教育ですから、我々はSDGsに深い関心を示しながら、同時にESDという形で取り組んでいる実践にも関心を持たなければいけません。

「貧困」問題の本質とは

さてＳＤＧｓの基本は実は貧困問題の取り組みなんだということをまずお話ししましたが、皆さんにはこの「貧困」とはいったい何かについて、改めて考えていただきたいのです。貧困に近い言葉に「貧乏」という言葉がありますよね。でも**貧乏と貧困は、日本語の場合、必ずしも同じ意味ではありません。**

貧乏というのは、一般的な意味では「家にお金の余裕がない」ということですよね。つまり経済的に貧しいことを貧乏と言う。だから買いたいものは買えない。おいしいものもなかなか食べられない。服なんかも一年に一回ぐらいしか買ってもらえない。あるいはどこかからもらったものを着ているだけだと。そういうのが貧乏ですよね。

でも人間は、貧乏だと不幸せになるかと言ったら、そうとは限りません。貧乏と不幸せが直結するわけじゃないですよね。貧乏に何かが付け加わって初めて不幸せになっていくわけです。その付け加わるものこそが貧困なんです。

単にお金がないことだったら貧乏です。でもそれだけじゃなくて、大事なものまで欠落している状態を貧困と言うのです。たとえば「あの家は貧乏だったけれども楽しい家族だった」というのはよくありますよね。つまり、家庭の中に笑いがあるとか、家族が温かく支え合っているとか、生活の中に笑いや潤い、優しさ、愛があるとか、つまり「幸せ感」がちゃんとある場合は「貧乏」ではあっても「貧困」とは言いません。貧乏でも心は豊かといえる家族はたくさんあったわけです。

日本は一九八〇年代に生活がとても豊かになりました。コンビニもできたし、パソコンが出て、クーラーが各家庭に入っていったのも八〇年代です。どこの家にも冷蔵庫や洗濯機、電子レンジがあって、生活が楽になり、豊かになった。だけど、そうなればなるほど、今度は心も豊かになったかというと、逆ではないのか、ということが言われるようになりました。生活の豊かさ、つまり貧乏からは解放されたとしても、心が全然豊かではない。むしろ貧しくなっている。そういう状態を貧困と言ったらどうかということですね。

憲法二十五条には「すべて国民は健康で文化的な最低限度の生活を営む権利を有する」と書いてあり、これを生存権と言っています。続けて「国は、すべての生活部面について社会福祉、社会保障及び公衆衛生の向上及び増進に努めなければならない」と書いてあって、これが憲法の規定なんです。であれば、この文章を借りて貧困を定義したらどうか。

つまり貧乏が「経済的に貧しく生活が苦しい状態」であるとするなら、貧困は「健康で文化的な最低限の生活を営む権利が奪われている状態」と定義してはどうか、というのが今日の私からの提案です。

では現代社会において、健康で文化的な最低限の生活を営む権利が奪われているとはいったいどういうものか。とくに私たちの関心対象である小さな子どもにおいて、どういうことなのかを考えていきましょう。

貧困が子どもから何を奪うのか

子どもたちのウェルビーイング（well-being）と貧困を考えてみましょう。ウェルとはよいこと、ビーイングとは「生活する」「生命」という意味ですから、心も体も健康な状態でいるという意味ですよね。それを子どもに即して考えてみると、貧困とは子どもが、その育ちや学びに必要で大事なものが保障されていない、欠けている様子を指します。

日本のシングルマザー家庭の経済状態はとても大変で、そのうち五十一パーセントが相対的な貧困状態にあることがわかっています。これは世界で二番目か三番目にひどい率なんですよ。日本の場合は現在の水準だと一年間の収入がだいたい、一二七万円以下の人が相対的な貧困にあるとされます。月十万円程度の収入で、家賃を払って食費も払って、時々は服も買わなければいけない。そのうえで絵本やおもちゃが買えるでしょうか、ということです。

今は保育園で「家でどんな絵本を読んでもらっているか」などと、安易には聞けませんけれども、実際は家に絵本やおもちゃがないという家庭が少なからずあるわけです。そういう家庭で育つと、そうでない家庭と比べて、いろいろな体験の機会がどうしても少なくなってしまいます。するとどうなるか。

これまでは「偏差値の高い大学へ行き、大企業に入ったら一生幸せ」という考え方が一般的でした。でもこれからは違いますよね。産業が変わっていくスピードが速いので、好きなことを仕事にしたいと思っても、社会に出るころにはもうその仕事自体がない、ということもあります。自分が何に一番向いてるか、あるいは自分が一番やりたいことはいったい何なのか、そのことを探すこと自体が子どもの生きるテーマになっているわけです。これは一番難しいことです。

だから、子どもたちには小さいときから自分がどういうことをやったら面白いと思えるかを探すこと――私はこれを「自分探し」と呼んでいます――が大事なんです。ところが、いろいろな経験をするのには限りがありますから、絵本や本や図鑑を読んだり、あるいはいろいろな映像を見たりするのが大事になってくるわけです。そういう意味で、子どもたちが小さいときから絵本を読んでもらい、想像力を働かせて「そういう世界で生きてみたいな」と思いをめぐらせたりすることが、これからの社会で幸せに生きていくための絶対的な条件なんです。

子どもたちが自分探しをするうえで一番大事になるのが、いろいろな体験をすることです。子どもが物事をわかっていくときに、人から説明をしてもらうのでは本当にわかったことにはなりません。自分で体験したことによって意味をつくり、そして、子どもはその体験と照らし合わせて物事を類推して、理解をしていきます。だから体験がどれだけ豊かかどうかが物事を理解するうえで大事になってきます。

けれども経済的なゆとりがなく、心の余裕もなく、子どもに絵本やおもちゃを買ってやることができないような家庭では、その子どもに文化的な貧困問題が生じます。自分を発見する、自分探しをすることにつながる文化と出合う機会がなくなってしまうからです。それから休日にいろいろなところへ出かけていろいろな体験をすることも、とても大事なんですが、そういう体験をさせてもらったことがないという体験の貧困というのもあります。その他にも、家庭の経済的貧困に関連して、優しい言葉をかけてもらったことがない愛され体験の貧困、罵倒《ばとう》されてばかりで自分はありのままでいいんだと思えない自尊感情の貧困も生じてきます。私たちは、このような子どもの現代的な貧困を考える必要があると思うのです。

遊びと体験の貧困がもたらすもの

ただしそれは家庭の経済的貧困だけに起因する問題ではありません。

先日、ある所で児童公園が一人の住民の苦情で閉鎖されることになった出来事が話題を呼びましたが、子どもたちは自由に遊んで育つことが必要なんですよね。私のような戦後世代は、とにかく家の前、道端、路地裏、それから河原、田んぼのあぜ道や神社の境内だとか橋の下とか、もうあちこちに遊ぶ場所があって自由に遊べました。自由に遊ぶなかでアイデアを練って、異年齢の集団で試行錯誤を繰り返していったわけです。遊具環境は貧しかったけれど、楽しく遊んでいました。

それはあるものをみんなが使っていたからなんですよね。それは何かというと「頭」です。ちょっと前までの子どもは、遊園地も遊具も何もなくても、自由に遊ぶことができました。いろんなことを工夫して遊んだ。失敗してもめげないでやり直していくことを繰り返しているうちに、いわゆる非認知的な能力が豊かに育っていったわけですよね。

だけど、道路は自動車が通る空間として舗装されました。いつ車が入ってくるかわからないところで子どもが自由に遊ぶのはまず不可能です。危ないから親も遊ばせません。そうすると、子どもたちはいったいどこで自由に遊べるんでしょう。近所に大きな公園ができて、自由に走り回り、サッカーやボール投げを自由にできるような場所がたくさんあるなら子どもたちは幸せかもしれない。だけど、そういうところには今は車で三十分ぐらいかけて行かないとない。お父さんやお母さんに時間がなければ子どもは遊べなくなっていきます。そういう状態に置かれていたとしたら、それは子どもたちにとって遊び環境の貧困と言えるわけです。

それから少し前に、川崎のある小学校で国語の授業を見たときのことです。新美南吉の作品に、「オオカミは何百尺の谷底にまっさかさまに落っこちてしまいました」というような記述があったんです。子どもが「先生、何百尺ってどのくらいなの？」と聞いたので、先生が「そうだな、今で言うと二百メートルぐらいかな」なんて答えました。

皆さん、谷底を見たことがありますか？　思わず足がすくみますよね。その谷底を見下ろす上のほうにいたら本当に怖いなと思いますよね。でも、その二年生のクラスの子どもたちは、誰も「谷底」というものを見たことがなかったんです。「谷底って何？」って言ってるんです。するとある子が「高いビルの上のほうから落っこちたのと同じじゃない？　ビルの上からパチンコ玉を落としたら、地面の中にぐっと入っちゃってすごいんだよ」と話して、それではじめて「ああ、そういうことか」とみんながわかったんですね。

本当は、足がすくむような二百メートルの谷を見下ろす感覚があり、下には細い川が流れていて、そこをめがけてまっさかさまに落ちていった場面を想像してほしいのだけれど、谷底というものがわからず、ビルの上からパチンコ玉を落とした風景を想像して納得した。これ、皆さんはどう思いますか？

私は、遊びの貧困も含めて、物事をわかっていくときに必要な、体で覚えた生活知そのものが貧困になってきているのだと思います。生活が楽で、スイッチ一つでなんでもできるようになることが人間の豊かさではないですよね。体でたくさん、いろいろなことがわかり、知っていて、はじめて物事がいろいろとわかるのです。だから国語の教科書に出てくるような文学作品が読めないのも、一つの貧困問題だと思います。世界をわかっていくときには生活知がベースにあり、それを元にその知識を改変していく構造があるのですが、今はそれが困難になっているということです。知るという行為のベースが貧困になってきた。つまり、知ることができなくなってきたということです。だからこそ、保育がどれほど大事か、ということにもつながっていくのです。

文化の世界に出合う楽しさを伝えること

保育と貧困問題についてまとめます。貧困問題の根っこには貧乏問題がありますから、日本のシングルマザー家庭の五十一パーセントが貧困状態にあるという状況は許せない話です。こども家庭庁もできたことですし、貧困家庭への経済的な支援、社会保障についてはこれまで以上にしっかりやっていただきたい。まずはそれが前提ですよね。

しかし、それだけで文化の貧困、体験の貧困、愛の言葉の貧困、自尊感情の貧困、そういうものを解決することにはなりません。たとえ経済支援で家計が月に五万円増えたからといって、「もっと子どもたちにいっぱい本を読んであげよう」とか「いろいろなところへ連れていってあげよう」とか「もっとていねいに言葉で話そう」とか、そういうふうになるわけではありません。それらを保障していくのが保育園、幼稚園、こども園の役割なのです。

実際には、園の中に「あの子はたぶん家で絵本を読んでもらってないだろうな」とか、「お母さんが離婚して、それでイライラしていて子どもが甘えさせてもらってないみたいだ」という状態がある程度わかることがあると思うのです。そういう子どもにこそ、「○○ちゃんの好きな絵本があったよ。読んであげる。おいで」とか「□□ちゃん、飛行機ってこうやったらできるよ。先生と飛ばしっこしよう」などと言いながら、文化の世界に出合う楽しさを、ていねいに伝えていってほしいんです。

もしかしたら、そういう子どもは園の文化、先生の文化には簡単にはなじんでくれないかもしれません。家のなかで準備ができていませんから、「いい、やらない」って拒否するかもしれません。それでもその子の心がいずれ解けていくっていう期待をしっかり待っていねいに接していかなければいけませんよね。家庭で文化や体験の貧困に直面している子どもほど、ていねいに、園であたたかく育てていくことをやってほしいのです。

もちろんそういう子だけにするわけにもいきませんから、結局はどの子どもにも、幼稚園、保育園、こども園に来ると豊かな文化、豊かな体験、豊かな言葉、そういうものに出合えるような工夫が必要だと思います。貧困問題と対決するためにも、これからの園には子どもたちが心から望んでいるような文化の豊かさがあることが大事になってきます。これが今日の結論です。

私は皆さんに、貧困問題イコール貧乏問題だと単純に捉えてほしくないのです。こども食堂をつくり、週に一回食べられるようにしたら解決するというように捉えてほしくないのです。もちろんこども食堂は大事です。でもそこでも子どもたちの文化の体験を豊かにしていってほしいのです。心の貧困問題に挑んでいかなければ、人間は公平で平等に生きることができません。これはどの子もみんなできる限り公平で平等に育てるための、一番大事な取っかかりになっていくと思うんですね。ですから、保育と関連させながら貧困問題に対して本気で対峙していくことが必要だと考えてほしいのです。

文化的貧困に対し、園ができることは

体験の貧困
水族館行ったことない
星座、見たことない
園で本物の体験を増やす
愛情の貧困
いつも叱られる
ムシされてる
保護者からの足りない分を補う
言葉の貧困
のろまっ
くずっ
DAD
園ではていねいな言葉を使う
つながりの貧困
誰に相談すれば？
チャット
おなかが痛い…
#8000やonline-QQなど、
正確な情報源を伝える

本講の中に「相対的な貧困」という言葉がありました。これは、「日本の多くの人と〝比較〟して、貧しい」という意味。「一日あたりの生活費が2・15ドル以下」というような「絶対的な貧困」とは異なります。

「世界で見れば、日本はそこそこお金持ちだし、相対的な貧困は問題ないのでは？」と思うかもしれない。でも、家がない人ばかりの社会なら自分に家がなくても平気だけれど、自分だけない状況に置かれると、人は傷つく。「これが相対的な貧困の悪なんだ」と、以前、汐見先生から聞きました。

文化的な貧困にはまだ尺度がなく、それゆえ見つけづらさがあります。上の四つは文化的な貧困の四つの分類例ですが、この視点をもって、園で気づき、支援につなげることができるか。

つくづく、責任の重い仕事ですよね。保育って。（おおえだけいこ）

第十二講

保育の質

～これからの時代にふさわしい実践を問い直す～

さていよいよ最後の講義になりました。今回のテーマは「保育の質を高めるとは、どういうことか」についてです。

研修を受けると、誰もが「保育の質を高めなければいけない時代だ」という言い方をするでしょう。この保育の質という言葉が使われるようになった背景は、今、世界中で活発になっている教育改革と関係があります。手短に言うと「二十世紀型の教育や学力」と「二十一世紀に求められている教育とそこで身に付く学力」がかなり違うということ、そして新しい時代にふさわしい新しい知力をどのように獲得させていくのかということが重要テーマになってきました。それで「保育の質」ということが言われ始めたのです。

その中心になっているのは、これまでもたびたび出てきた経済協力開発機構（ＯＥＣＤ）です。ＯＥＣＤは『保育の質向上白書』という報告書を出していて、そこには私たちが

考えている保育の質より、もう少しスケールの大きい国家レベルの話が書かれています。出版されたのは二十一世紀に入ってしばらくたってからですから、そのころから世界中で「保育の質」という言い方がされるようになったのだとご理解ください。今日は日本のなかでの保育の質のことを、皆さんと一緒に考えたいと思っています。

いつでもどこでも通用する保育はない

最初に「保育の質」とは何か、から考えましょう。これは「保育とは何か」「保育とは何をする営みなのか」を問うところから始まります。

最もわかりやすいのは「社会や大人が期待するような資質・能力を子どもに育んでいくこと」、一般的に言うと、「保育とは、子どもをしっかりと育てる営み」と定義できるでしょう。単に預かるのではなく、赤ちゃんのときからていねいに子どもたちの心や体、頭を育ててるんですよ、ということですね。

では、その保育の「質」について考えるときに、どういう力を子どもたちに育てたいのか、どういう子どもになってほしいと私たちが願っているか、という目標と関連付けて考えてみます。「こういう力を子どもたちに育てたい」と思っていて、その保育で本当にそういう力が育っているとしたら、それは「質が高い」と言えそうです。でも全然育っていないじゃないかということになれば、その保育の「質は低い」ということになりますね。

つまり保育の質の中心は、子どもの育ちの質になっていくわけです。あえて「中心は」としたのには、保育の質がさまざまな角度から検討できるからです。

たとえば、保育の「構造の質」と呼ばれるものがそうです。保育のていねいさを実現するには、先生一人が何人の子どもを見るのかという条件にも左右されます。日本では一歳児なら一対六ですね。四歳、五歳児になると一対三十です。幼稚園は最近までだいたい三十五人まで見ていました。一人で三十人の子どもを、それぞれていねいに対応するのは、どう考えても不可能ですよね。だから全体を一緒に動かしていくしかないわけです。でも、三十人いたら性格が三十通り違いますし、ある遊びをしようとしても、それが好きな子もいれば、全然やりたくない子もいる。もし同じことを同じペースで強制的にさせようとしたら、ある子どもたちはいやいややることになります。そういうのは保育の質が高いとは言えませんよね。つまり一人で三十人も見るという条件では、保育の質は必然的に高くはできなくなってしまうということになります。

こうした配置基準のようなことは、保育の質のなかでは「構造の質」とも言われ、国によって違います。たとえば、幼稚園や保育園の先生の資格もそうです。これは国によりかなり違いがあります。台湾は高い資格を要求していて、大学卒の保育士がたくさんいます。シンガポールも幼児教育に力を入れていて、先生の資格取得のハードルもどんどん上がっていきます。そうしたものも「構造の質」と呼べます。

このように、保育の質は実は多様な角度から検討できるのですが、「質の高い保育」と言った場合、基本的には実践の質を指しています。「どういう子どもに育てたいか」「実際にそう育っているか」という、子ども像と実践の内容に関係してきます。

とはいえ、どんな時代にもどんな場所でも通用する保育の質があるわけではないんですよね。我々が子どもだったときの保育の質と、二十一世紀の中盤を生きる今の子どもたちへの保育の質は違いますよね。それから、アートに力を入れて保育をする国もあれば、理科系に力を入れる国もあるかもしれません。集団で同じような行動ができるようにすることを大事にしている国もあります。日本も戦前はそうでしたけども、今は違う目標になっているのだから、保育の質について同じには語れないでしょう。

そういう意味で、保育の質にはいつでもどこでも通用する「一般」というものはなくて、我々がどういう子ども像を持ち、どういう実践をしているのか、それを吟味しなければ現代における保育の質は明らかにならないと言えるでしょう。さしあたり、日本という国で、今どういう子ども像が求められていて、そのためにどういう保育上の工夫が必要になるのか、それが実現しているものが「保育の質の高さ」ということになるんだとご理解いただきたいと思います。

保育の質を見直すための「五つの問い直し」

さて、現代の日本において保育の質が問われている例をあげていきたいと思います。今、日本では、めざす子ども像やそのための保育の内容や方法の見直しがさかんにおこなわれています。「子ども中心の保育」「子どもの主体性を大事にする」という言い方は、少し前の先生方にはなじみがなかったものです。だから、なぜ保育者主体ではなく子ども主体なのか、そもそも子ども主体とはどういうことなのか、ということが議論されるようになってきたのです。以下、その保育の見直し例を取り上げながら、保育の質とは何かについて考えてみたいと思います。

見直される考え方①

「子どもは好きなことをさせるとわがままになるので、一定の決まりの世界で生活させるべきだ。」

しばらく前までの保育観はこうでした。保育者の仕事は子どもたちにルールを教え、守らせることだと思われていた時期がありましたよね。もちろん自由遊びのときは自由に遊ばせるのだけれども、それが終わったら一列に並ばせたりしていました。今でもトイレへ行くときに「一列に並んでトイレへ行って」なんてやっている人がいますけれど、あれはその名残ですよね。子どもにとっては、今おしっこしたいかどうかはバラバラなのに。

この背景には、三十年ほど前に日本の小学校一・二年生のクラスが荒れていたことがあります。立ち歩きが激しくて授業にならないだとか、先生がプリントを配っても紙飛行機にして飛ばしてしまうだとかいうような、いわゆる「学級崩壊」が全国で起きました。さらにその原因について「幼稚園や保育園が自由保育を始めたからだ」と言う人が多かったのです。子ども主体だとか言ってしつけをしなくなったから、学校へ来ても自由に立ち歩くのだ、と。

幼稚園、保育園の先生は反論しました。「今の子どもたちは自由に遊ぶことがなくなってきて、自分で進んで何かをすることができなくなっている。私たちはそれに挑んでいるんだ。子どもたちが自由に自分たちで遊べるように、自分たちで選んで自分たちで責任を取るような世界を増やしていくことが今の保育で一番大事なことなんだ」と。「小学校がそういうことを理解せず、昔のやり方のままだから子どもたちが反発するんだ」と。幼稚園、保育園の先生は資格を持ち、子どもたちをしっかり観察して、子どもたちがやりたいことを応援し、場合によってはできないということも言っていく。それは専門性をともなったものであり「子どもたちの要求はなんでも満たしてやる育て方」とはまったく違うのだ、と主張しました。

とくに子どもが小さいうちは、子どもの望むものを望む方法で実現させ、それを支えていくことが大事なんです。たとえば二歳ぐらいの子どもが家の障子やふすまに穴を開けて遊んでいます。最初、親は「やめてちょうだい」って注意するけれど、でもこの子はなぜこんなことをしたがるんだろうかと考えたら「自分が原因で相手に穴を開けるのが嬉しくてしょうがないのかな」とか、「壁やドアにもできないことが、ここだけはできる。だから穴を開けて自分が有能であることを感じたいのかな」などと考えてみるのです。だったら「絶対にだめ」ではなく、「やってもいいけれど、このふすまだけにしてね」というような形で、制限を与えるけれども自由にさせるとか、そういうふうに、子どもがやりたいことをなるべく自由にさせてあげると、子どもは自分が大事にされていると感じるようになってくるんですね。

だから、小さいときには可能な限り、危険をさけて子どもがやりたいことをやりたいようにさせてあげればいい。そして、社会的なルールは子どもの育ちに応じて理解でき納得する形で伝え、要求して守らせていけばいいのです。

ルールを守らせることを先にやっても、意味がわからなければ窮屈に感じるだけです。少し前までの子どもたちは地域で自由に遊び、そのことによって主体性が保障されていました。それが車社会になり、自由に遊べる空間がほとんどなくなっていきました。だから、保育のなかだけでも、子どもたちは昔と同じように、自由に自分のやりたいことを選んで自分のやりたいようにやればいい。保育者はそれをよく見て、うまく形にできるように応援します。これが現代の保育になってきているわけです。

「子どもは集団のなかで自立していくので、
幼いころから集団の一員として行動していることを自覚させ、
集団をいい集団にするように、集団のために、と行動させるべきだ。」

大人になったときに、人はいろいろな集団に属する。その集団がいい集団であれば、人としては上手に自己実現できるのだから、子どものころから集団の一員として自覚的に行動するようにさせていくべきだという考え方です。

この論理が日本ではとくに一九七〇年代に広がりました。若い先生はご存知ないでしょうけれど、これは「集団づくり」と呼ばれました。根拠になったのは、ソ連のマカレンコという、日本でいうと少年院のようなところで教師をやっていた人の実践です。マカレンコが一人で多数の子どもたちを上手にコントロールする方法が世界中で評判になり、日本でも形を替えて小学校、中学校で「集団づくり」の実践が始まったんです。たとえば班をつくって競争するようなやり方です。それが生活指導の基本的な手法になっていきました。その流れが幼児教育にも入ってきて、二歳から当番制をきっちり教えるなどということが、さかんに言われました。

しかしその集団の捉え方も、今は変わってきました。子どもは楽しい仲間と遊び、活動するなかで、自然と集団での振る舞い方を身に付けていくのだと考えます。たとえば、鬼ごっこのルールをみんなでつくりますよね。でもなかなか鬼が変わらなかったら「ルールを変えよう」という提案が出てくる。だから、幼いころから集団生活をしているだけでも、十分に子どもたちは社会のなかで力を伸ばすことができるようになっています。しかも、集団のなかで誰かがケガをしたらみんなでカバーするとか、忘れ物をした子に貸してあげるとか、正しい、あるいは思いやりのある行動ができるようになっていきます。それだけで十分なのです。それを「集団のために、みんなのために行動しなさい」と要求していくと、自分がやりたいことを我慢することになり、自分が何をしたいのかがわからなくなっていってしまいます。つまり、個が育ちにくくなってしまうのです。

ですから、集団づくりのような実践は、今はもうあまりやらなくなってきました。でも仲間は大事ですので、「仲間づくり」はこれからも大切な課題になります。

「子どもはあれこれの知識を持っていないので、大人がこれを学べ、これが面白い、等と示して学ばせることが大事だ。」

まさにこれを教育の基本としているのが学校ですね。学ぶことは全部先生が示し、教科書で教えます。子どもたちが「これを学びたい、じゃあやろう」などということは、ありません。新しいタイプの学校、たとえばフレネ教育やモンテッソーリ、イエナプランなどの学校では、逆に何を学びたいか、どう学ぶかは子どもたちが決めています。でも、多くの学校でそうなっていないのは「経験も知識もない子どもに、自分が学ぶことを自分で決めるなんてことはできないんだから、学ぶことは大人が示してやるべきだ」という考え方があるからです。私はそれを啓蒙主義と言っていますけれども、それによって学校は教育を続けてきました。

でも考えてみると、子ども自身が本当にそれを学びたいと思っていないときには、大人から教えられてもたいした力にならないですよね。幼児が英語教室に通ってもほとんど話せるようにはならないのは、子どもが日常生活でも英語を使いたくてしょうがないという気持ちにならないからです。子ども自身が興味や関心を持たないことをさせると、やがて学ぶのが嫌になるし、学校も嫌いになっていきます。

こちらが面白いよ、こういうこともあるよ、と示したとしても、それに乗ってくるかどうかは子どもが決めることなのです。子どもに示したり、提案したりするのは大事なことですけれども、その通りさせるのとは別です。子どもが「面白そうだ」と思って何かをやりだしたら、応援してやればいいし、乗らない子に対しては無理強いする必要はないのです。

そういう意味で、示し方はもっと間接的であるべきで、ものやことの豊かさ、素材の配置、先生の言葉によって変わってきます。「危ないからやめなさい」と言うのと「ああ面白いね、でも気をつけてね」というのでは、子どもの受け止め方は変わってきます。保育者の態度、姿勢が実は一番大事で、それを子どもの環境づくりと呼んでいるわけですね。今は、子どもが自分で挑んでみたくなるような環境を上手につくり続けること、あるいはそれを修正していくこと、それが保育者の務めなんだ、というふうに変わってきました。そして子どもが何かそれに乗ってきたら、上手に応援していくことが保育なのだと、変わってきたのです。

もう少し付け加えておくと、子どもに仮に十の力があるとします。幼稚園、保育園、こども園で周りの子がやっていることを見て「あれ面白そう！」ということが見つかります。でも、それをするには十二ぐらいの力がないとできないということがあったとき、子どもはその十二の力が必要なことに誰に言われなくても挑んでいく本能を持っていると言われます。でも、脳はまだ十の力しかないから、うまくいかない。何度も失敗する。すると大脳辺縁系と言われる感情を司る脳の中心や前頭葉の一部が「もっとやりたい」と活性化して、運動などのスキルを司る脳の部分を刺激するらしいのです。すると、少しずつ十二のことができる脳回路がつくられていき、試行錯誤しているうちに十二のことができるようになっていくというのです。

そういうふうにして、子どもは自分でやりたいことを見つけて自分で今の自分を乗り越えて、そしてもう少し上の自分に進んでいくんです。それを指して、**子どもは「自育的な生き物」**とか、あるいは「自学的な生き物」だと、考えられているのです。したがって保育は、子どもが今ある自分を乗り越えていこうとする気になるような状況をいかにつくるかが課題となります。それが環境づくりということです。

見直される考え方④

「子どもにいちいち意見を聞いていたら、子どもがわがままになる。指示を上手にすればいい。それが保育者の力量だ。」

上手な指示というのは「先生、そういうことをやってほしくないなぁ」などという言い方も含まれます。それは結果として指示を出していることになっているのです。でもこのように「上手に指示を出せば、それが良い保育者の印なんだ」という意見がかつては強くありました。それに対して「いや違いますよ」というのが最近の子ども観の発展のなかで、最も大事なことの一つです。子どもは赤ちゃんのころから、自分に関係あることなら自分がどう思っているかを相手に伝える権利があるんですね。そして、大人はその子どもの意見を尊重してことを進めなければいけない、というように変わってきました。

子どもは大人の道具ではありません。私たちが頑張って仕事をしていることを示すためのツールではないんですよね。一人ひとりは独立した、世界にたった一人しかいない人格なのです。親に命をいただいて、その命を輝かせながら、その子にしかつくれない命の物語を毎日つくっているのですよね。命の物語づくり、つまり人生づくりに感動があり、生きていてよかったな、生まれてきてよかったな、と思えるような物語にする。それを手伝うのが保育です。だとしたら、ほんの幼いころから子どもが「これはやりたくない、こうしたいんだ」という意見をどんどん言っていかなければいけないですね。

「子どもはどうせ知識が少ないし、経験も少ないのだから、意見などは無視してもかまわない、聞く必要はない」と思いますか？　大人だって、いろいろな専門家から見たら素人ですよね。だからといって「意見を聞く必要はない」などと言われたら不安になります。素人には素人なりの言い分もあるから聞いてほしい、と思うでしょう。

もし皆さんが八十歳代の人がいるような高齢者施設で仕事をしていたとしたら、こうしたことを黙ってするなんてことはしませんよね。大人同士だったら何かをする前に相手に意見を聞きます。なぜ小さな赤ちゃんには聞かないのでしょう。小さなころからいつも自分の意見を聞かれていると、自分が大事にされていることがわかるわけですよね。そうしたら人を大事にするようになっていきます。子どもを人間として考える、人間としてリスペクトして保育すべきだという考え方になってきました。

見直される考え方⑤

「学力の高い人が優秀な仕事をしているから、子どもたちの学力を高めることが大事である。」

いわゆる学力が高い人が優秀な仕事をしているかどうかを調べる中からわかってきたことが非認知能力でしたね。新しいアイデアでどんどん商品開発をしていったり、リーダーシップを取ったり、落ち込んでいる人を励ましてあげたりする仕事力や人間力が豊かな人は、学歴の高さとは直接には関係がないことがわかってきたのです。学歴は大事だけれども、仕事力にはもう一つ別の能力、つまり非認知能力が大事なのだとわかってきました。これまでの学校は主として認知能力を育ててきましたけれども、二十一世紀は認知能力だけでなく非認知能力も育てなくてはいけない。これが今、世界中で教育改革がおこなわれている最大の理由なんですよね。

非認知能力には、さまざまなことに興味・関心が持てる豊かな好奇心とか、面白いアイデアを出すようなデザイン力も含まれます。また誰かが嫌がっていたら無理しない、ハンディがある子にはちゃんと意見を聞くといった共感力や当事者性、失敗しても頑張るレジリエンスも大事にします。こういう非認知能力を育てていくのが現代の保育で求められる中身になります。

認知能力の育て方と非認知能力の育て方は異なります。認知能力は結果主義です。九九が丸暗記できているとか、二桁の繰り上がりのある計算ができるとか、その結果が大事であって、どう教えても、子どもがわかるようにすればいいのです。

ところが非認知能力は、できる・できないという結果を求められているわけではありません。縄跳びができるようになりたいとか、竹馬に乗れるようになりたいとか、コマを回せるようになりたいとか、もっと面白い絵を描けるようになりたいとか、かっこいいロボットをつくりたいとか、何でもいいんですが、子どもが自分でやりたいことを決めたときに、その目標に至るために種々の実践のプロセスがありますよね。たとえば紙飛行機だったら、紙飛行機をつくって飛ばして競争するなかで、どれだけ遠くまで飛ぶか、どれだけ長い時間飛んでいるか、どれだけかっこよくぐるぐる回るかについて、つくり方や飛ばし方が違うことに気が付いて改善していくという、そのプロセスが面白くなっていきます。

そしてプロセスのなかで、「こうやったらうまくいかない」「だったらこうしたら、うまくいく」「こういうときは相談したほうがいい」「そういうことは協力したほうがいい」ということで試行錯誤力やアイデア力、デザイン力が育まれ、知恵のようなものが子どもの頭と心の中に残っていきます。それが非認知能力なのです。

非認知能力を育てるためには「今日はここまで行けたから明日はもっと上まで行こう」というように、自分で体験を重ねなければなりません。「こうしたらいいんだよ」と教えて、覚えさせたらできるわけではないのです。そういう意味では非認知能力を育てるのはプロセス重視、過程重視、体験重視と言えます。そのうえで、諦めずに粘り強くやる、試行錯誤をていねいに重ねる、ここまでやったから次はこうしようとつないでいく、そういうことを通して非認知能力が伸びていくわけですよね。

小学校でも、先生がトーク・アンド・チョーク方式で話して板書して「覚えなさいよ」とやるよりも、子どもたちが自分で調べて発表したほうが子どもは育つという方向に変わってきています。そのような非認知能力を育てる実践に、保育で取り組んでいるかどうか、これがやはり保育の質の中身に関わってきます。だから、今までのやり方とはだいぶ変えなきゃいけません。変わってきているかどうかをチェックできてはじめて、現代における保育の質を問うことができると思います。

保育の質を高める七つの工夫

保育の質は、以上のような新しい子ども観やテーマを自覚し、それに沿った実践がおこなわれているかどうかで決まります。そのためのどのようなアクションが考えられるか、これまでお話ししてきたことの振り返りも兼ねて、ポイントを確認していきたいと思います。

ポイント1 「そもそも論」ができる場をつくる

一つは、保育の目標や方法について、ときには原点に戻ってみんなで議論しながら常に見直そうとしているかどうかです。たとえば、今年の行事の計画を始めるときに、去年と同じでいいのかを考える。だいたいは「前回こういうところでしんどい思いをしたので、ここはもう少し楽にできませんか」という話になることが多いと思うのですが、そこにとどまらず、「その行事で子どもにどんなものが育つのだろう」という観点で見直してほしいのです。

たとえば地域のお祭りを園でやるとしたら「近所のおじいちゃんやおばあちゃんにも来てもらいたい、そのときに地域の文化や歴史を子どもに知ってもらうことが私たちの課題になるよね」とか、「やっぱり地域で大事にしていることをこの子たちに知ってほしいよね」といった議論があれば、保育の見直しにつながりますし、ちゃんと説明ができます。こういうことをしている園は、質が高まりますよね。毎回でなくても「そもそも論」ができる園はやっぱりいい園なんですよね。

ポイント2 本気で安心できる場の雰囲気をつくる

実際にいい保育をしていると言われる園に行くと、一番の違いは子どもの目の輝きです。「毎日行きたい」と子どもたちが本気で感じる園になっているかどうか、子どもが本気で安心できて「何をやっても叱られない、何をやってもいい、自由を表現していい」と感じてくれているかどうかということですね。

これは園のどこがいい、悪いというより、園全体が醸し出す雰囲気です。私たちが病院に行ったときに、看護師さんたちの声が優しくて、困っていることを話したら職員がていねいに説明してくれて、ついていきますよと案内してくれる。お医者さんもニコニコしながら私たちの不安を何とか解消しようとして話してくれる。そういう先生方や看護師さんたちがつくり出すある種の雰囲気が、病院の雰囲気になりますよね。それと同じことです。

子どもたちの甲高い声も先生方の大きな声も聞こえないとか、子どもたちが楽しそうに遊んでる声だけしか聞こえてこないとか、見るとみんないい顔をして笑顔で遊んでいるとか、そういう園の倫理的な雰囲気をどうつくるかが大事です。

ポイント3 自分たちで何か指針をつくっている

保育の質を高めるために、自分たちなりの指針をつくって実践することも大事です。たとえば「うちの園では原則、子どもはできるだけ叱らないで保育していこうとしています。叱りたくなるときはよく子どもを見て、子どもに頼んでみます」とか、「指示命令の言葉はできるだけ使わず、環境を豊かにすることに力を入れます。環境が豊かなら子どもたちはどんどん動き出す。逆に指示命令が多いのは環境が貧しくなっているのではと考えます」などと、自分たちで原則や指針をつくって進めているところはいい園ですよね。その場合、みんなで議論しながら決めるのが質の高さにつながります。園長から言われたからやります、というのでは原則は自分たちのものになりません。

ポイント4 自分たちで保育実践のチェックリストをつくる

三つめのポイントを延長させて、**自分たちでつくった原則をもとに、保育実践の際のチェックリストをつくる方法もあります。**たとえば、食事をするときには、○歳児クラスでは一斉ではなく、一人ひとりが食べたい頃合いを見計らって食べる。一人ひとりの気持ちに沿って無理に食べさせない。スプーンを口に入れるときは噛む力がつくように、できるだけ歯のところに置いてあげる。そういうふうなことをチェックリストにしてみるのもいいでしょう。**どこかにあるものを借りてくるだけでは自分たちの実践を反省することはできません。**自分たちでつくって一年に一回ぐらい振り返ることがあってもいいですね。

ポイント5 プロセスの質をみんなで評価する

先ほども触れたように、今の保育では結果主義ではなくプロセスを充実させて非認知能力を育てることが求められています。でも、プロセスはその瞬間瞬間で過ぎ去っていきますよね。だから「これでよかったかな」とその場で考えていると保育になりません。後から考えるしかないのです。

ですから、たとえば、一日の午前中の保育が終わり、ご飯を食べて子どもたちが寝始めたら、短時間でもいいからみんなで今日の保育を振り返ってほしいのです。「○○ちゃんって面白かったのよね」「△△ちゃんがこんな力を持ってたなんて知らなかった」「□□ちゃんが、こんなものを探し始めたんだけれど、あの子たち今、何に興味を持ってるのかしら」とか、そういうことを保育者同士で楽しく語り合う時間がとても大事で、これが実質的には、子どもたちが育っているかどうか、本当は何をやりたがっているのかを知る「子ども理解」につながります。それができれば、今日のやり方がよかったかなという「反省」になり、そして明日はこうしようという「アイデア」になりますよね。このような保育のアセスメントは必ず毎日やっていただきたいのです。

ポイント6 各園で一年の実践発表をする

園で一年間の振り返りをするために、その一年間の実践をまとめて発表することもお願いしたいです。二月ごろがいいですね。たとえば土曜日に「今日は朝から夕方まで園のまとめをやります」ということにして、各クラスが一年間の実践を三十分ぐらいのスライドや動画を使って発表し、今年一年を通して子どもたちが育った成果や、課題も議論していく。できれば、そこに保護者も参加するのが望ましいですね。発表や議論の場に保護者が参加するのはとても大事です。

このまとめをすると、自分の実践が、流れて終わるのではなく、起床転結の物語になっていくのです。どういうことをどう考えてどうやってきたか、それが書けるようになったら保育者は間違いなく成長していきます。保育者の成長は保育の質の向上につながります。それをまとめて冊子化するということもやってほしいです。

ポイント7　保育者が自分の得意を伸ばす

それから、一人ひとりの保育者が自分自身の得意を伸ばすことも、保育の質を高めることにつながります。旅行に行くことが大好きだったら、いろいろな所へ行った体験を子どもたちに語ってあげたり、映画を見るのが大好きだったら「先生、こういう映画見てきたの。面白かったよ」と子どもたちに語ってあげたりする。あるいは仲間たちに語る。つまり保育者として成長するだけでなく、人間として、あるいは市民として自分を鍛えていく。それが回り回って保育の深い力量になっていきます。私たちはけっして「専門バカ」

になってはいけないんです。保育者自身が人間として深いところで生きている、それが保育の質につながっていくんだということだと思います。

保育の質を高める工夫は、これで全部ではありません。構造の質の問題など、現場での解決が難しい問題もあります。でも、やはり保育の実践の質は、今日お話ししたような形で問われています。自分たちでチェックして改善していこうとする姿勢のある園が、質の高い保育をしているということだと私は思っています。今回ご紹介したポイントを参考に、保育の質の議論を各職場でやっていただければと思います。

＊　＊　＊

さて、以上で十二回にわたってお話ししてきたこの講義を終えたいと思います。よい機会を提供してくださって本当に感謝しています。

私が講義を引き受けた最大の理由は、今みたいに時代が大きく変わってきているときに、私たちが育てている子どもたちが社会に出る二〇四〇年代、五〇年代がどんな社会になっているか本当にわからないと思うからです。環境問題が解決しているのか、もっとひどくなっているかどうかわかりません。自分で自動車を運転する時代ではなくなっているかもしれません。料理もロボットが全部つくってくれるようになるかもしれないですね。

そういう時代に人間として生まれて、生きていて本当にいいなって思えるようになるためには、何でも機械に任せることがいいかといったら、まったく違うだろうという気がするのです。そういう時代にどういう子どもを育てていくのかとか、あるいはどういう社会を見据えて保育をしようとしているのか、という原点に戻って保育の意味を考えることをしないと、これからの保育が非常に表面的なノウハウだけで終わってしまうような気がするんです。

私の仕事は、人間の原点、社会の原点、文化の原点に戻って保育の営みを意味づけていくことを面白いと思ってもらうことだと思っています。今回の講座だけでは十分なことはお伝えしきれなかったかもしれませんが、受講いただいた皆さんにはぜひ、私がお話ししたことも参考にして、保育のことをいろいろな角度から自由に議論していただければと思っています。ありがとうございました。

保育の質の3層

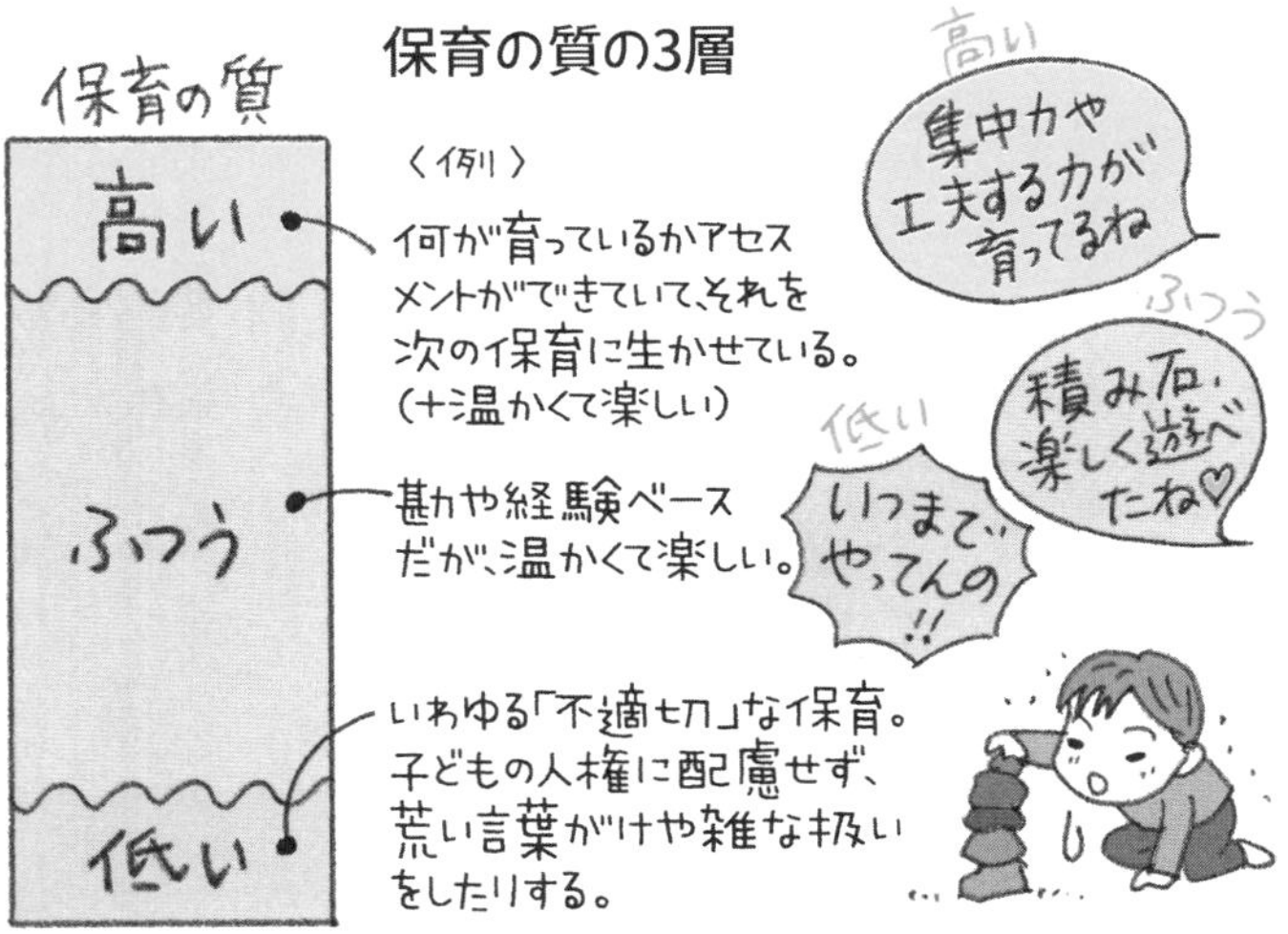
保育の質
高い
ふつう
低い
〈例〉
何が育っているかアセスメントができていて、それを次の保育に生かせている。（＋温かくて楽しい）
勘や経験ベースだが、温かくて楽しい。
いわゆる「不適切」な保育。子どもの人権に配慮せず、荒い言葉がけや雑な扱いをしたりする。
高い
集中力や工夫する力が育ってるね
ふつう
積み石、楽しく遊べたね♡
低い
いつまでやってんの!!

最終講義のノートには、保育の質の3層を描きました。保育の質は通常、高いか低いかで表現されますが、実際にはその中間があることをイメージしています。

質の高い保育は、今までの講義で触れてきた「主体性」や「貧困問題」などについて普段から語り合ったり、「アセスメント」をキチンと行っているような保育。

質の低い保育は、それらに頓着がないばかりか、子どもの権利を脅かすような保育。

そしてその中間に、「温かさと楽しさはあるんだけど、何となく勘でやってることが多い、普通の保育」がある。

汐見先生は、「普通の園が6割くらいで、上下が1〜2割ずつかなあ」と言われていました。

自分の園はどのあたりか検証して、1%ずつでも向上していけるとよいですね。（おおえだけいこ）

感謝を
日々の糧に

あとがき

保育の本といえば、最近は、写真やイラストがふんだんに使われたものが多く、このようなほぼ文字だらけの本は読みづらかったのではと心配しています。できるだけ講義スタイルの文を活かそうとしたのは、なるべく読者の方々一人一人が、話しかけられているような気持ちで読めるように、という気持ちからです。

「はじめに」で、これからの社会は、正解のない問題が噴出すると言ったのですが、正解がないというのは、これからは歴史の中で初めてと思われる問題が多くなるので、歴史の中での知恵がすぐには見つからないことが増えてくる、という意味です。しかし、だから私たちは歴史に学ぶ必要はもうないのかというと、それは逆です。歴史の中にまったく同じ問題はないかもしれませんが、より深く、より広く、歴史を探れば、形は違えど、同質の問題はほとんどの場合見つかるからです。というか、人の悩んできた問題は、歴史を通じて、そんなに異なっていないと思えるからです。

今の社会は、現状をある視点から切り取り、それをデータ化して、そのデータを大量に集めて、それをＡＩに分析させて判断するという手法が広がっていますが、これだけに頼ることは危険です。対象となっているものやこと、あるいは人は、生のままでは、簡単にデータになどならないものだからです。

大事なのは自分の身体で感じ取ることで、それをもとに、お互いの考えを交わしあうことなのですが、その際、社会の意見を自分の意見のごとく言うのではなく、この私が私の身体で感じ取っている間違いない私の意見を言うことが、新たな適切解を創造していくことにつながるからです。その意味で幼いころに社会の意見ではどうにもならない、生の自然と多様さに関わることが、保育ではことさらに大事になるということを最後に付け加えておきたいと思います。

この本が園での読書会などで読まれて、みんなでわいわい議論が起こることを期待しています。最後まで読んでくださってありがとうございました。

――汐見稔幸

本書は2022年3月18日から2023年2月17日にかけて毎月開催された全12回のオンラインセミナー「せんせいゼミナール　キーワードから探る保育の奥深さ」（小学館主催）の内容を元に構成いたしました。同講座の記録映像はウェブサイト「みんなの幼児と保育」でご覧いただけます（有料）

※映像の配信は予告なく終了する場合がございます。ご了承ください。

「せんせいゼミナール」は、小学館がプロデュースする保育者と教師のための研修講座シリーズです。信頼できる専門家や力のある実践者を講師に迎え、先生方の悩みや学びたい気持ちに寄り添う講座をお届けしています。

汐見稔幸（しおみ・としゆき）

東京大学名誉教授・白梅学園大学名誉学長・日本保育学会理事（前会長）・全国保育士養成協議会会長。1947年大阪府生まれ。東京大学大学院教育学研究科教授を経て、2018年3月まで白梅学園大学・同短期大学学長を務める。専門は教育学、教育人間学、保育学、育児学。共働きで3人の子どもの育児に関わってきた体験から父親の育児参加を呼びかけている。保育者による交流雑誌『エデュカーレ』の編集長でもある。持続可能性をキーワードとする保育者のためのエコビレッジ「ぐうたら村」を建設。『さあ、子どもたちの「未来」を話しませんか』（小学館）、『「天才」は学校で育たない』（ポプラ社）など著書多数。

イラスト＆コラム　**おおえだけいこ**

ライター、イラストレーター、漫画家。主に保育・教育系媒体にかかわる。小学館『新幼児と保育』、保育雑誌『エデュカーレ』などで執筆中。著書に『日本の保育アップデート！ 子どもが中心の「共主体」の保育へ』（小学館）などがある。

本文構成／長尾康子
デザイン・DTP／上條美来
校正／別府由紀子
編集協力／宮川勉
編集担当／山本春秋（小学館）

せんせいゼミナールBOOK

新時代の保育のキーワード
乳幼児の学びを未来につなぐ12講

2024年3月24日　初版第1刷発行

著者　汐見稔幸
発行人　北川吉隆
発行所　株式会社　小学館
〒101-8001
東京都千代田区一ツ橋2-3-1
電話　編集　03-3230-5686
販売　03-5281-3555
印刷所　萩原印刷株式会社
製本所　株式会社若林製本工場

ISBN978-4-09-840233-5

せんせいゼミナール
BOOK

0・1・2歳児の保育で大切なこと
幼い人たちとの豊かな暮らし方

東京家政大学ナースリールーム施設長
工藤佳代子 著

「せんせいゼミナール」（小学館主催の保育者向けオンライン講座）全9回の講義をもとにまとめた単行本第1弾がいよいよ発売！

保育実践を通して、子どもたちの育ち、保育者のかかわり、保育者のまなざしを具体的に解説した、0・1・2歳児保育の新しい必読書です。

四六判　定価1980円（10%税込）
本文288ページ　小学館
ISBN978-4-09-840234-2　イラスト／kildisco

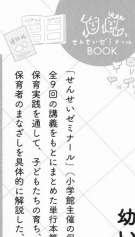